食べるだけでキレイに近づく！

薄毛　ハリ・コシ・ツヤ　白髪　うねり

毛髪診断士・美香が作る

美髪ごはん44

美香

はじめに

髪は、その人のアウトラインを描く一部。
髪によって、人の印象は大きく変わります。

日本人の髪を根本から美しくしたいという思いから、東京・青山に
ヘアサロン「AMATA」を開いて22年。頭皮と毛髪のケアを大切に考え、
毛髪診断士として、頭皮と髪の悩みに新しい光を届けることを使命
としてきました。

多くの日本人の髪を見て感じること。それは、髪に無頓着な人が意
外に多いということです。ファッションは素敵でも、髪はボサボサ
でツヤがなく、ダメージが目立っていたり。髪には、自分にどれだ
け手をかけているかが透けて見えてしまいます。

一方で、手入れが行き届いた髪は、いくつになっても、その人自身
を美しく、若々しく見せてくれます。美髪はそれだけで存在価値が
上がり、素敵なアクセサリーにもなるのです。

とはいえ、悲しいことに、年齢とともに髪にも変化が訪れます。特に40代以降は、地肌が目立ってきたり、ボリュームがなくなったり。肌と同じように、乾燥したり、ツヤがなくなったり。

そんな変化に気づいたら、今伸びている髪よりも、「これから生えてくる髪を、健やかに育てること」を考えましょう。そのためにはまず、髪を育てる頭皮環境を整えること。

頭皮への根本的なアプローチには、日々の食生活が大切です。必要な栄養素の不足は髪1本1本に顕著に現れ、そのままでは取り返しのつかないことになることも。そのことは私自身、20年近くロングヘアをキープする中で実感しています。

もともと料理が好きで、どんなに忙しくても、なるべく自分で作ったものを食べています。サロンスタッフの健康のため、週1回、「美香亭」と称して作るお弁当も、今ではライフワークに。気づけば、私の料理はたんぱく質がたっぷりのレシピが中心でした。

髪のもとになるのはたんぱく質。そのたんぱく質のもとになる必須アミノ酸は体内では合成できないので、食事からとることを意識しています。

美しい髪は、栄養が行き届いてこそ生まれます。この本では、髪の主成分であるたんぱく質をとりながら、髪の4大悩みといわれている、「薄毛」「ハリ・コシ・ツヤ」「白髪」「うねり」にアプローチするレシピをご紹介しています。

どれも、私がふだん食べているものです。おなじみの料理に、美髪を育む食材を取り入れています。しっかり食べたいとき、誰かくる日、一杯飲みたいときのおつまみにも。作り方も味つけもシンプルですが、ちょっと手が込んで見えるレシピです。

食生活を意識することで頭皮環境が整い、毎日のヘアケアも、より効果が増していきます。この本では、日々のヘアケアのコツもご紹介しています。気づいたときが、始めどき。未来の髪に希望をもたらす一皿で、美しく健やかな髪を手に入れましょう。

美香

^{Part}
4 **うねり** をケアするレシピ

^{Part}
5 **「美香亭」のこと**

本書の決まりごと

- 大さじ1＝15ml 、小さじ1＝5mlです。
- 野菜は特に表記のない限り、洗う、種や芽、ワタをとるなどの下ごしらえは省略しています。
- 材料の個数に対する重さは目安です。
- オリーブ油はエキストラバージン油、酢と表記している場合は米酢を使っています。
- アーモンドなどのナッツ類は無塩・素焼きを使っています。
- 電子レンジの加熱時間は600Wのものを使用したときの目安です。
  加熱時間はお持ちの電子レンジのワット数や機種によって、様子を見ながら調整してください。

薄毛をケアするレシピ

地肌が透けて見える。分け目やつむじが目立つ。束ねた髪の太さが細い……。40代以降は、「髪が薄くなってきているかも」と衝撃を受ける瞬間が増えていきます。薄毛といっても、理由はさまざま。毛穴から生えていた髪が3本から2本になったり、毛髪が細くなったことで薄く見えたり。脱毛症など、医療機関での治療が必要な症状でなければ、日々の食事で薄毛対策をすることができます。薄毛の主な原因は、加齢、ストレス、食生活やホルモンバランスの乱れなどから、毛髪を育む頭皮の血流が悪くなり、髪に必要な栄養素が足りていないことです。「薄くなってきた」という兆候を感じたら、頭皮環境を改善するための食事を意識しましょう。ここでは、髪の主成分であるたんぱく質に加え、丈夫な髪を作るもととなるビタミンB6や、大豆イソフラボンに注目しています。ビタミンB6は新陳代謝を促し、丈夫な髪を作ります。また、女性ホルモンの一つであるエストロゲンは太く健康な髪の成長を促しますが、加齢や出産、ストレスやダイエットなどで分泌量が減ると、髪がやせたり、抜け毛が増える原因に。エストロゲンと似た働きをする大豆イソフラボンを意識してとりましょう。

・ たんぱく質

たんぱく質を構成する最小単位のアミノ酸が髪
の主成分であるケラチンとなる。髪の健康には
特に動物性たんぱく質を。
肉、魚、卵、豆類、豆製品、乳製品など

・ ビタミンB6

たんぱく質をアミノ酸に変化させ、頭皮と髪を
保護するために必要な皮脂のもととなり、新陳
代謝を促して丈夫な髪を作る。
**レバー、鶏ささみ、鶏むね肉、かつお、まぐろ（赤
身）、鮭、にんにく、バナナ**など

・ 大豆イソフラボン

薄毛の原因のきっかけとなる女性ホルモンの減
少を補い、ホルモンバランスを整える。
大豆、大豆製品（豆腐、納豆、厚揚げ、豆乳）など

まぐろとアボカドの醤かけ

代謝を促すビタミンB₆豊富なまぐろとアボカド。王道の組み合わせも、醤（ひしお）のまろやかな深みとコクで、粋な一皿に。

材料（2人分）

まぐろ	1/2さく（100g）
アボカド	1個
煎り酒	大さじ1
練りわさび	少量
レモン汁	適量
醤（または醤油麹など）	大さじ1〜

作り方

1. まぐろは角切りにする。ボウルに煎り酒と練りわさびを溶き、まぐろと和える。

2. アボカドは角切りにする。レモン汁をふってやさしく和える。

3. 器に1と2を盛り、醤をかける。

醤は、麦麹と豆麹を醤油に漬けて発酵させた万能調味料。腸内環境を整え、免疫力向上も。神楽坂発酵美人堂の「まろやか ひしおの素」と醤油、水を合わせ、冷暗所で2週間おいて作っています。

鶏むね肉の梅肉ソース

高たんぱくな鶏むね肉に、爽やかな梅肉ソースをまとわせて。
梅干しは髪の成長に欠かせない亜鉛の吸収をよくし、薄毛の予防や改善に。

材料 (2人分)

鶏むね肉 ……………… 1枚 (300g)
酒 …………………………………… 少量
塩 …………………………………… 少量
片栗粉 …………………………… 大さじ3
梅干し ……………………………… 2個
A ┌ みりん ………………… 大さじ1
　├ ポン酢 ………………… 大さじ3
　└ ごま油 ………………… 大さじ1
大葉 ………………………………… 5枚

作り方

1. 鶏むね肉は皮をとり、1cm厚さのそぎ切りにする。麺棒などでたたいて5mm厚さに伸ばす。酒と塩をふり、片栗粉を全体にまぶす。

2. 鍋に湯を沸かし、1を湯引きする。火が通ったら氷水にとる。

3. 梅干しは種をとってたたき、Aと混ぜ合わせる。

4. 鶏肉の水けをきって器に盛り、3を回しかける。大葉をせん切りにしてのせる。

梅干しとみりんはアムリターラのものを愛用。「在来種 鶯宿梅三年漬梅干し」は、農薬不使用、無添加で、体が欲するおいしさ。自然栽培の純米本みりん「愛の深い味醂」は6か月熟成。コクや甘さ、とろみも絶品で、甘露酒としても飲めます。

Memo
・鶏むね肉は麺棒でたたくと繊維が壊れてやわらかくなります。
・梅干しは、はちみつ漬けを使う場合は、みりんを使わないほうが程よい塩味になります。

鮭とじゃがいもの焦がしバター

鮭のアスタキサンチンが頭皮の老化を予防。じゃがいもは、細胞の
代謝を活発にする栄養素が多い皮ごと使って。バターの風味が至福！

材料（2人分）

生鮭 ───────── 2切れ(100g)
じゃがいも ───────── 1個
にんにく ───────── 2かけ
塩 ───────── 適量
こしょう ───────── 適量
バター(有塩) ───────── 2かけ
醤油 ───────── 小さじ1
みりん ───────── 大さじ1
オリーブ油 ───────── 小さじ2
粗挽き黒こしょう ───────── 適量

作り方

1. 鮭は皮をとって一口大に切り、塩、こしょうをふる。じゃがいもは皮ごと薄めのくし形切りにし、水に10分ほどさらして水けをきる。にんにくは薄切りにする。

2. フライパンにオリーブ油とにんにくを入れて弱火にかける。にんにくが薄いきつね色になったら取り出す。

3. 2のフライパンにバター1かけを入れて中火で熱し、鮭を焼く。両面に焦げ目がついたら取り出す。

4. 3のフライパンを弱火〜弱めの中火にし、じゃがいもの両面をじっくり焼く。火が通ったら取り出す。

5. 4のフライパンにバター1かけを加える。溶けたら醤油、みりんを加え、強火にして煮立たせ、火を止める。

6. 器に鮭、じゃがいもを盛って5を回しかける。粗挽き黒こしょうをふり、にんにくを散らす。

Memo • じゃがいもは電子レンジで加熱してから焼くと、火の通りが早くなります。

豚しゃぶサラダのにんにくだれ

食欲がないときにもさっぱり食べられるおかずサラダ。
初めににんにくだれを作り、味をなじませておくのがおいしくするコツ。

材料（2人分）

豚肉（しゃぶしゃぶ用）················ 200g
玉ねぎ ····································· 1/2個
トマト ······································ 1個
酒 ··· 少量

[にんにくだれの材料]
にんにく ··································· 1かけ
しょうが ··································· 1かけ
A 醬油 ···································· 大さじ2
　 バルサミコ酢 ························· 大さじ1
　 オリーブ油 ···························· 大さじ1

作り方

1. にんにくだれを作る。にんにく、しょうがはみじん切りにし、ボウルにAと混ぜ合わせる。

2. 鍋に湯を沸かして酒を入れる。豚肉をさっとゆで、ざるに上げる。

3. 玉ねぎは薄切りにし、5分ほど水にさらして水けをきる。

4. トマトは湯引きして皮をむき、輪切りにする。

5. 器に、玉ねぎ、トマト、豚肉の順に盛る。にんにくだれをよく混ぜて回しかける。

Memo • 玉ねぎは、水にさらさずに、20分ほど置くだけでも辛みがまろやかになります。辛みが気にならなければ、そのまま使ってください。
• にんにくだれは、かける直前にしっかり混ぜて乳化させてください。

バナナシャーベット

ビタミンB6が豊富な美髪食材のバナナを、ほぼ、つぶして凍らせるだけ。
途中で混ぜる必要がないから簡単。やさしい甘さのヘルシーデザート。

材料（2人分）

バナナ ……………………………………… 2本
レモン汁 …………………………… 大さじ1
生クリーム ……………………… 大さじ4
はちみつ ………………………… 大さじ2
トッピング用のはちみつ、
好みのナッツ ………………… 各適量

作り方

1. ボウルにバナナをちぎり入れる。麺棒やフォークの背などで粗めにつぶし、レモン汁をふる。

2. 1に生クリームとはちみつを加えて混ぜ合わせる。バットに広げて入れ、冷凍する。

3. 3時間ほどして固まったら、スプーンですくって器に盛る。トッピング用のはちみつをかけ、好みのナッツを砕いて散らす。

Tamituの「ハーバルハニー」は固まりにくく、水に溶けやすいので、ドレッシングなどにも便利。「512」は、ラベンダーの純粋はちみつにカモミールやヒノキなどを調合。独特の風味がおいしさを決めてくれます。

豆腐ディップ

ピータン豆腐

豆腐ディップ

白だしと練りごまで上品な味の和風ディップ。
ふんわりとした食感で野菜をぐっとおいしく。

材料（2人分）

絹ごし豆腐 ……………………… 1/2丁
A{
練りごま ……………… 大さじ1
生クリーム（または豆乳クリーム）
……………………………… 大さじ1
白だし ………………… 大さじ1〜
くるみ ……………………………… 適量
好みの野菜 ………………………… 適量

作り方

1. 豆腐はしっかり水きりをする（キッチンペーパーで包み、上から平皿などをのせて30分置くなど）。

2. 豆腐をボウルに入れ、Aを加え、豆腐をつぶしながらなめらかになるまで混ぜ合わせる。器に盛り、くるみを砕いて散らす。好みの野菜を切り、つけていただく。

ピータン豆腐

ピータンには良質なたんぱく質や亜鉛など、美髪に導く栄養素が豊富。
熱したラー油をかけるとより香ばしく、クセになる味に。

材料（2人分）

好みの豆腐 ………………………… 1丁
ピータン …………………………… 1個
ザーサイ ………………………… 大さじ2
パクチー ………………………… 3〜4本
しょうが …………………………… 1かけ
塩 …………………………………… 適量
ごま油 …………………………… 大さじ2
ラー油 …………………………… 小さじ1〜

作り方

1. 豆腐は水けをきり、横に半分に切る。さらに縦に4等分に切り、器に盛る。

2. ピータンを8等分に切る。ザーサイはみじん切りにする。パクチーは3cm長さに切る（茎の硬い部分は細かめに切る）。しょうがはみじん切りにする。

3. 豆腐に、ピータン、ザーサイ、しょうが、パクチーの葉の順にのせ、塩をふる。

4. フライパンにごま油とラー油を入れて中火で熱し、3にじゅっと回しかける。パクチーの茎を散らす。

肉豆腐

調味料はほぼ、すき焼きのたれだけ。甘辛味がしっかりとしみた
牛肉と豆腐で、たんぱく質と大豆イソフラボンをたっぷりと。

材料 (2人分)

牛肉 (しゃぶしゃぶ用) ················ 100g
木綿豆腐 ··································· 1丁
長ねぎ ····································· 1本
市販のすき焼きのたれ ············ 150ml
酒 ······································· 大さじ2
卵 ··· 2個
糸唐辛子 ································ 適量

作り方

1. 豆腐は水けを切り、3〜4cm角に切る。長ねぎは5〜6cm長さに切る。

2. 鍋にすき焼きのたれ、酒を入れて煮立て、牛肉、豆腐、ねぎを入れ、弱めの中火で5分ほど煮込む。火を止め、そのまま置いて味をなじませる。

3. 温泉卵を作る。鍋に湯を沸かし、沸騰したら火を止めて卵を入れる。ふたをして15分ほど置く。

4. 温泉卵ができたら、2を弱火で温める。器に盛り、温泉卵を落とし、糸唐辛子をのせる。

厚揚げのねぎ味噌チーズ焼き

いつもの料理に手軽にプラスできるコクうまの美髪レシピ。
厚揚げに味噌をたっぷりのせて、大豆イソフラボンをチャージ。

材料（2人分）

絹厚揚げ ……………………… 1枚(150g)

A
| ねぎ ……… 1/2本（みじん切りにする）
| 味噌 …………………………… 大さじ1
| きび砂糖（または砂糖）…… 大さじ1/2
| みりん ………………………… 小さじ2

スライスチーズ（ピザ用）……………… 2枚

味噌は毎年手作りしています。自然栽培の材料を使い、杉桶に仕込むと風味もいいんです。お味噌汁や肉味噌炒めにしたりと、私の元気の源です。

作り方

1. 厚揚げは8等分程度に切る。テフロン加工のフライパンを中火にかけ、厚揚げの両面がカリッとするまで焼く。

2. Aを混ぜ合わせて、ねぎ味噌を作る。

3. 厚揚げにねぎ味噌を適量ずつのせ、さらにスライスチーズをちぎってのせ、オーブントースターで3分焼く。

Memo
• 1の後、そのままねぎ味噌とチーズをのせてふたをし、チーズが溶けたら食べられます。

白菜豆乳クリーム煮

ホワイトソースを作らず、豆乳を使うので簡単。軽やかでやさしい
味わいながら、干し桜えびの程よいうまみで食べ飽きない。

材料（2人分）

白菜 ……………………………… 葉を4枚
絹ごし豆腐 ……………………………… 1丁
干し桜えび ……………………………… 大さじ1
中華スープの素（ペースト） ……… 小さじ2
水 ……………………………………… 100ml
豆乳（成分無調整） ………………… 200ml
水溶き片栗粉 …………………………… 大さじ1
ごま油 …………………………………… 適量

作り方

1. 白菜はそぎ切りにする。豆腐は食べ
   やすい大きさに切る。干し桜えびは
   同量の水（分量外）で戻す（戻し汁も
   とっておく）。

2. 鍋にごま油を入れて中火にかける。
   白菜を入れ、軽く炒める。

3. 中華スープの素と水を入れ、豆腐、
   干し桜えびと戻し汁を加えたらふた
   をし、白菜がしんなりするまで煮る。

4. 豆乳を加え、沸騰する直前で水溶き
   片栗粉を回し入れ、とろみをつける。

Memo • 中華スープの素は、中華調味料「味覇（ウェイパー）」のヴィーガンタイプを使っています。
野菜ブイヨンでも代用できます。
• 水溶き片栗粉は、片栗粉小さじ2と水大さじ1を合わせています。

" 薄毛ケアは頭皮環境から "

頭皮を清潔に。シャンプーはやさしく

毛髪は10〜12万本といわれています。その密度は、皮膚1c㎡当たり、頭頂部で約300本、側頭〜後頭部で約200本。この密度や本数は胎児の時点で決まるため、生後には変化しません。

また、髪は一定期間伸びると抜け落ちます。健康な人でも、1日に80〜100本程度の髪が抜けています。そのサイクルは女性で4〜6年、男性で3〜5年。抜けても、その後には必ず新しい髪が生えてきますが、毛髪サイクルが正常でないと髪がきちんと発毛・成長できず、薄毛やボリュームダウンにつながります。

なんとなく、ボリュームがなくなっている……。そんな小さな違和感をほうっておくと、髪はどんどんやせ細り、薄毛は進行します。薄毛ケアは、気づいたときが始めどきです。

抜け毛を気にして洗髪を控える人がいますが、頭皮の清潔を保てないとフケが増えたり、脂漏性皮膚炎や脱毛になることも。日々の毛髪の汚れはしっかり落とすようにしましょう。とはいえ、シャンプー剤を必要以上に多く使ったり、ゴシゴシと力を入れて頭皮や髪を洗うのは逆効果。力を入れすぎると摩擦により、毛髪はかえって細くなります。汚れは泡で包みながらやさしく落とすようにしましょう。

ブラッシングやマッサージで血行促進を

髪にとっての頭皮は、野菜が育つ土壌と同じ。土壌をしっかり整えられるよう、日々のシャンプーで清潔にし、ブラッシングやマッサージをしながら、頭皮の血流がよくなるように意識してください。血液の巡りが促されると、毛母細胞に栄養や酸素を届けることができ、これから生えてくる髪をしっかり育てることができます。

症状がなくても育毛剤をルーティンに

育毛剤は、つけたからといってすぐに毛が生えたり、髪が太くなるわけではありません。継続は力なり。髪は一生寄り沿っていきたい存在ですから、日々のヘアケアで根気よく続けましょう。スキンケアと同じで、髪が薄くなってきた、減ってきたと実感してから使い始めるのではなく、朝晩のお手入れで習慣化しましょう。

ボリュームが気になる髪にはこんな症状が……

☑ 1日に抜ける 毛の量が多い

正常な場合で、1日に抜けるのは約80本程度。ただ、シャンプー時の抜け毛が最も多いため、毎日シャンプーする人と、2日置きにシャンプーをする人とでは、1日に抜ける量が変わります。

☑ 毛が細い

髪の毛1本の太さは平均0.07～0.08mm。0.04mm未満の軟毛が多いと薄毛の疑いが。とはいえ、目視ではわかりにくいので、薄毛が進行し始めた頭頂部と、後頭部の髪を比較してみてください。

☑ 毛穴から生えている 本数が少ない

通常は、一つの毛孔（毛穴）から2～3本の毛髪が生えます。薄毛が進行している頭頂部では、一つの毛孔から1本のみ生えている部分が増えていきます。そうなると、全体の毛量が1/3～1/2に。

［ シャンプー ］

血流を集めるように 頭皮をマッサージ

シャンプーをするとき、両手を頭頂部でクロスさせ、指の腹（第一関節）をしっかり押し当てながら、頭皮を上に引っ張るように動かす。こうすることで、頭頂部に血液が集まり、頭皮全体の血行促進に。

［ ブラッシング ］ フェースラインから頭頂部へ

血流が最も悪くなりがちで、血行不良になりやすいのが頭頂部。
5秒でもブラッシングをすると巡りがよくなり、肩こりや肌のくすみも改善へ。

①ブラシを持った手と反対側の前頭部の生え際から頭頂部へ、地肌を意識してブラッシング。

②生え際を手で軽く押さえながら、後頭部をブラッシング。ブラシを持ち替え、反対側も同様に①②を行う。

［ 育毛剤 ］ 薄毛を感じる前からケアを

育毛剤は髪を健康に育てるほか、頭皮環境を改善するため、薄毛の症状が出る前から
使えば薄毛や抜け毛の予防にも。日々のルーティンに取り入れています。

①髪を分け、一番重要な頭頂部の分け目の部分やつむじに塗布する。

②すぐに指の腹で頭皮にもみ込む。その後、頭皮全体を軽くマッサージしながら生え際や側頭部になじませる。

[美香さん愛用]

育毛シャンプー

頭皮を健やかに保ち、次に生える髪を美しく。育毛剤も浸透しやすくなります。

A 頭皮の水分と油分のバランス
を整えるローヤルゼリーエキス、
炎症を抑える甘草エキス配合の
頭皮ケアシャンプー。マイルド
に洗い上げながら、頭皮環境を
整えて髪にコシを与え、ボリュ
ームのある髪に。山田養蜂場
薬用 RJ地肌ケア シャンプー[医
薬部外品] 400ml ￥3,080

B フサフジウツギ由来の植物幹
細胞が髪の成長をサポート。有
効成分が毛球にも刺激と栄養を
与え、頭皮環境を整えながら、
毛髪を健やかに保つ。週1～2回、
いつものシャンプーの代わりに。
オーウェイ マイクロスティミ
ュレイティング ヘアバス 240ml
￥4,510(美容室専売品)

C 美髪を保つ鍵となる頭皮と髪
のラメラ構造(CMC)を補う成分
を配合。頭皮を保湿しながら、
ボリュームアップとともに、ハ
リ・コシ・ツヤにもアプローチ。
エイジングケアにも。アンファ
ー スカルプD ボーテ 薬用スカ
ルプシャンプー ボリューム[医
薬部外品] 350ml ￥3,973

育毛剤

薄毛が気になる人も、今はまだ悩みがない人も、未来の美髪のために。

A 洗い流さないスカルプトリートメント。週1〜2回使うことで頭皮の代謝を改善し、血流を促進。毛包の働きを活性化し、髪の成長を促す。薄毛や抜け毛に悩む人、今の髪のボリュームをキープしたい人にも。オーウェイ ヘアロス レメディ 100ml ¥7,810(美容室専売品)

B ナノサイズの育毛成分が毛乳頭を活性化させ、血行を促すことで、美しく健やかな髪を育成する薬用育毛美容液。髪の根元の立ち上げをサポートする。コタ エイジング グロウセラム(コタ薬用ローション β)[医薬部外品] 150g ¥8,800(美容室専売品)

C 独自のテクノロジーと植物由来成分が、寝ている間に頭皮を保湿する夜用美容液。頭皮をクリーンな状態に整え、モイスチャーバリアをサポートすることで、じっくり、しっかりと育毛効果が。アヴェダ スカルプ ソリューション オーバーナイト セラム 50ml ¥7,370

D 美香さんが育毛や発毛のエビデンスがあるオイルのみをブレンドしたスカルプオイル。頭皮のバリア機能を守り、「シャンプーがしみる」など敏感な頭皮にはシャンプー前のプレオイルとして。臭いが気になる頭皮にも。AMATA アーバン アーユルヴェーダ 30ml ¥5,280

ブラシ

ブラッシングで頭皮の血流を
促すことで、美髪を育てます。

A パドルブラシの名品。側頭部や前頭部など
広範囲に刺激を与えて頭皮をケア。頭皮を軽
く押しながらのブラッシングで疲れもリフレ
ッシュ。アヴェダ パドル ブラシ ¥4,290

B 敏感肌の頭皮マッサージに。ループ状のブ
ラシがセンシティブな頭皮をやさしく刺激し、
血行を促進。アッカ カッパ プロテクション
ヘアブラシ ソフトタッチ no.947 ¥5,610

C 幅広い面がしっかりと頭皮をとらえ、心地
よくブラッシングができる。ブロー時に使う
と髪がなめらかになり、ツヤも出る。ダイソ
ン スーパーソニック パドルブラシ ¥3,300

頭皮ギア

エステのような使い心地で
頭皮をしっかりほぐしてくれます。

A 独自のローラーが頭皮を連続的につまみ上
げる。筋膜リリース、血流改善が期待できる。
エステティシャンの指のような心地よさ。MT
G リファビューテック ヘッドスパ ¥33,000

B 生え際から頭皮をしっかりつまみ上げ、パ
ワフルにもみほぐす。防水仕様なのでバスタ
イムにも使える。ボディにも。ドクターシー
ラボ リフトアップマッサージャー ¥13,037

ハリ・コシ・ツヤ をケアするレシピ

髪を引っ張ったときに耐える力がハリ、ねじった髪が元に戻る弾力がコシといわれます。ハリとコシがないと全体にぺたんとボリュームがなくなり、薄毛や白髪と同じように老け見えします。髪の主成分はケラチンというたんぱく質。ケラチンが不足するとハリやコシのない細い髪になり、切れ毛が増えます。年齢とともにケラチンが合成される量も減少していくので、日頃からたんぱく質を意識してとりたいもの。植物性よりも、鶏肉や牛肉、魚など、動物性たんぱく質のほうが多くの必須アミノ酸を含み、効率よく摂取できます。ケラチンの生成に関わるアミノ酸はアルコールを分解するときに大量に使われるため、お酒を飲んだ後、髪に使われるアミノ酸が不足することも。過度な飲酒は美髪の大敵です。さらに、ストレスや睡眠不足も毛髪にダメージを与えるので、生活習慣も見直しましょう。また、コラーゲンの生成を促すビタミンCも欠かせません。コラーゲンが生成されると血管や頭皮に弾力が生まれます。すると、血管が強化されて血流が改善され、髪の生育に必要な栄養が毛根まで行き渡ります。身近な食材から、たんぱく質とビタミンCを補って育毛環境を整えたら、髪の表面のキューティクルをケアしてツヤ髪を手に入れましょう。

・たんぱく質

たんぱく質を構成する最小単位のアミノ酸が髪の主成分であるケラチンとなる。髪の健康には特に動物性たんぱく質を。
肉、魚、卵、豆類、豆製品、乳製品など

・ビタミンC

コラーゲンの生成に関与して、血管や頭皮を丈夫にすることで太くハリのある髪に。
パプリカ、ピーマン、ブロッコリー、キャベツ、きゅうり、菜の花、じゃがいも、柿、オレンジ、グレープフルーツ、キウイ、いちご、みかんなど

ほたてといか、オレンジの
カルパッチョ風

たんぱく源のほたてといか、ビタミンCたっぷりのオレンジで
デリ風のカルパッチョに。まろやかな酸味で、洗練された味わい。

材料（2人分）

ほたて（刺身用） ································ 4個
いか（胴の輪切り） ········ 1杯分（250g）
オレンジ ··· 1/2個
白バルサミコ酢 ······················· 大さじ1
塩 ··· 小さじ1/2
オリーブ油 ······························· 大さじ2
粉山椒 ·· 適量
ディル（またはフェンネル） ········ 適量

作り方

1. ほたては横に3等分に切り、白バルサミコ酢小さじ1で和える。いかはゆでて水けをきる。オレンジは皮をむき、果肉を切り出す。

2. 器にオレンジを放射状に並べ、ほたて、いかの順にのせる。

3. 残りのバルサミコ酢、塩、オリーブ油を混ぜ合わせて回しかけ、粉山椒をふり、ディルをちぎって散らす。

はんぺんと長いもの明太子和え

はんぺんと明太子のたんぱく質、レモンのビタミンCで美髪をサポート。
爽やかな塩味とコク、ふわふわとシャキシャキの食感の濃淡が美味。

材料（2人分）

はんぺん ……………………………… 1枚
長いも ……………………… 1/3本（130g）
辛子明太子 ……………………… 1/2腹
大葉 …………………………………… 5枚
A┌ マヨネーズ ………………… 大さじ2
 │ 煎り酒 ……………………… 小さじ2
 └ レモン汁 …………………… 小さじ1

作り方

1. はんぺん、長いもは2cmの角切りにする。明太子は包丁で縦に切り目を入れて開き、身をこそげとる。大葉はせん切りにする。

2. ボウルに明太子とAと混ぜ合わせる。

3. はんぺん、長いもを2と和える。器に盛り、大葉をのせる。

柿とかぶ、ブッラータの
カプレーゼ風

1個で1日に必要なビタミンCを摂取できる柿と、かぶを薄く切って並べるだけ。
シンプルな味にクリーミーなブッラータチーズをからめて。

材料（2人分）

柿 ……………………………………… 1個
かぶ …………………………………… 2個
ブッラータチーズ ………… 1個（100g）
A┌ レモン汁 ………………… 大さじ1/2
 │ 塩 …………………………… ひとつまみ
 └ オリーブ油 ……………… 大さじ1/2
粗挽き黒こしょう ……………………… 適量

作り方

1. 柿は皮をむき、かぶは皮ごと、それぞれ薄く半月切りにする。かぶの葉はあれば刻む。

2. 器にブッラータチーズをのせ、かぶと柿を盛る。Aを混ぜ合わせてかけ、かぶの葉（あれば）を散らし、粗挽き黒こしょうをふる。

Memo • かぶは葉にビタミンCが豊富なので、あれば使ってください。

フルーツとチーズのサラダ、Wバルサミコソース

ビタミンCたっぷりのフルーツ果汁とバルサミコ酢が混じり合い、
極上のドレッシングに。2種類のバルサミコ酢でコクを出しています。

材料（2人分）

キウイ	1個
いちご	4個
オレンジ	1個
グレープフルーツ	1個
紅芯大根	1/3個
クリームチーズ	30g
ルッコラ	1袋
A ロゼバルサミコ酢	大さじ1
A はちみつ	大さじ1
A 塩	小さじ1/2
A 黒こしょう	適量
A オリーブ油	大さじ1
黒バルサミコ酢	大さじ1/2

作り方

1. キウイは皮をむき食べやすい大きさに切る。いちごはへたをとり、縦半分に切る。オレンジとグレープフルーツは皮をむいて果肉を切り出し、食べやすい大きさに切る。紅芯大根は薄くいちょう切りにする。クリームチーズは角切りにする。

2. Aを混ぜ合わせる。

3. 器にルッコラと紅芯大根を並べ、フルーツとクリームチーズを彩りよく盛る。2を回しかけ、黒バルサミコ酢をかける。

マイスタヴェルクが扱うレオナルディ社のバルサミコ酢「REALE」は、白、ロゼ、黒の3種を料理の味や見た目に合わせて使い分けています。5年熟成で、ドレッシングや料理の仕上げに一振りすると香り高い一皿に。

白身魚のムニエル、らっきょうタルタル

血行を促進する働きのあるらっきょう漬けをタルタルに。
らっきょうに味がついているので、玉ねぎを使うよりもふくよかな味に。

材料（2人分）

白身魚の切り身（鯛やたらなど） ····· 2切れ
塩 ··· 少量
こしょう ··· 少量
小麦粉 ··· 大さじ1
バター ··· 1かけ
A｜
　らっきょうの甘酢漬け
　····································· 2個（みじん切り）
　ゆで卵 ·························· 1個（みじん切り）
　マヨネーズ ························· 大さじ2
　らっきょうの甘酢漬けの甘酢
　······································· 小さじ1
　塩 ································· 少量
　粗挽き黒こしょう ················· 少量
レモン ······································· 適量
ベビーリーフ ····························· 好みで

作り方

1. 魚はペーパータオルなどで表面の水けをふきとる。塩、こしょうをふり、小麦粉をまんべんなくまぶす。

2. フライパンを中火にかけてバターを溶かし、1を2分ほど焼く。焼き色がついたら返してふたをし、弱火にして4分蒸し焼きにする。

3. らっきょうタルタルを作る。Aを混ぜ合わせる。味がたりなければ塩で調える。

4. 器に魚を盛り、3をたっぷりのせてレモンを搾る。好みでベビーリーフを添える。

有機栽培のらっきょうを取り寄せて、毎年作っている甘酢漬け。薄皮をむく時間も好きです。手作りラベルを貼って、知人にもおすそわけしています。

（ふつうの）ショップの「（ふつうの）マヨネーズ」は、ディップのような味わい。食材になじむクリアな味、飽きのこない品のいいおいしさが気に入っています。

レモン蒸し鶏

高たんぱく、低糖質な鶏肉をレモンでさっぱりと蒸し、ハニーレモンソースで。
余熱でゆっくりと火入れをすることで、やわらかくジューシーな仕上がりに。

材料（2人分）

鶏もも肉	1枚（250〜300g）
レモン	2個
きゅうり	1本
塩	小さじ1
こしょう	適量
酒	大さじ1
A レモン汁	1個分
はちみつ	小さじ1
塩	小さじ1
ごま油	大さじ2
レモンの皮	適量

作り方

1. 鶏もも肉は、皮目にフォークなどで穴をあける。全体に塩、こしょうをふる。

2. レモンは皮ごと薄切りにする。

3. フライパンに鶏肉を皮を上にして入れ、全体をレモンの薄切りで覆う。酒をふり、アルミホイルなどで落としぶたをしたら、弱火で蒸す。10分ほどしたら火を止め、そのまま余熱で火を通す。

4. きゅうりはピーラーでリボン状に薄くそぎ、氷水にさらしてシャキッとさせる。

5. Aをよく混ぜ合わせてハニーレモンソースを作る。

6. 3を食べやすい厚さに切り、きゅうりとともに器に盛り、ハニーレモンソースをかける。レモンの皮をすりおろして散らし、好みでレモン（分量外）を搾る。

レモンの薄切りで鶏肉をしっかり覆い、フライパンで蒸します。

Memo ・レモンは皮も使うため、あれば有機栽培のものを。なければ皮をよく洗って使ってください。
・きゅうりの代わりに、生のズッキーニでもおいしいです。

あと混ぜ青椒肉絲

パプリカやピーマンのビタミンCは熱で壊れにくいので、炒めもの向き。
野菜は別々に炒めてシャキッと仕上げ、好みで混ぜながら食べて。

材料 (2人分)

牛肉	200g
ピーマン	2個
パプリカ(赤)	1個
たけのこ(水煮)	1本

A
酒	大さじ1
紹興酒(または酒)	小さじ2
醬油	大さじ1
オイスターソース	大さじ1
はちみつ	小さじ2
おろしにんにく	小さじ1

片栗粉	大さじ1

B
酒	大さじ1
中華スープの素(ペースト)	大さじ1

オイスターソース	大さじ1
ごま油	40ml
糸唐辛子	適量

作り方

1. 牛肉は細切りにする。ボウルに入れ、Aを加えてもみ込み、10分ほど置く。その後、片栗粉を全体にまぶす。

2. ピーマン、パプリカ、たけのこは同じくらいの太さのごく細切りにする。

3. Bを電子レンジで10秒加熱し、中華スープの素をよく溶かす。

4. フライパンにごま油小さじ2を入れて中火で熱し、牛肉を炒める。火が通ったら取り出す。

5. 4のフライパンにごま油小さじ2とピーマンを入れ、3とオイスターソースを小さじ1ずつ加えて炒める。火が通ったら取り出す。

6. 5のフライパンにごま油小さじ2とパプリカを入れ、3とオイスターソースを小さじ1ずつ加えて炒める。火が通ったら取り出す。

7. 6のフライパンにごま油小さじ2とたけのこを入れ、3とオイスターソースを小さじ1ずつ加えて炒める。味がなじんだら取り出す。

8. 器に4〜7をそれぞれ盛り、糸唐辛子をのせる。

新じゃがの味噌卵ソース

いも類の中ではビタミンCが最も多い新じゃがいもで、しっとりとした
揚げないポテトチップス風に。卵は粗くつぶすとおいしい。

材料（2人分）

じゃがいも	2個
塩	少量
バター	1かけ
卵	2個
A ┌ 白味噌	大さじ1
│ マヨネーズ	大さじ1
└ 塩	少量
粗挽き黒こしょう	適量

作り方

1. じゃがいもは皮ごと薄切りにし、塩をふる。フライパンにバターを入れて中火にかけ、じゃがいもの両面を焼く。

2. 卵はゆでて殻をむく。ボウルに入れ、フォークなどで粗くつぶしたら、Aと混ぜ合わせる。

3. 器にじゃがいもを盛り、2をのせ、粗挽き黒こしょうをふる。

「アムリターラ 白味噌」は、大豆を丁寧にすって仕込んだ味噌。
塩味もマイルド。マヨネーズと合わせてディップにしています。

小松菜の牛肉巻き

小松菜をたっぷり巻き、さっぱりとした照り焼き味で。
小松菜の水けをしっかり絞っておくと、味がぼやけません。

材料（2人分）

小松菜 ……………………… 1束（3〜4株）
牛薄切り肉 …………………………… 100g
A ┌ 酒 ………………………………… 大さじ1
　├ みりん ………………………… 大さじ1
　└ 醤油 …………………………… 大さじ1

作り方

1. 小松菜は熱湯で2〜3分ゆでる。粗熱がとれたら水けを絞り、根元を切って長さを半分に切る。

2. 牛肉3〜4枚を端を重ねながら広げ、1をのせて巻く。

3. テフロン加工のフライパンを中火にかけ、2を巻き終わりを下にして入れ、全体に焼き色がつくまで焼く。

4. Aを混ぜ合わせて回し入れ、全体にからめながら、汁けがなくなるまで煮る。火を止め、少し置いて味をなじませたら、食べやすい大きさに切る。

カレー風味のラタトゥイユ

鶏肉とビタミンC豊富な夏野菜を、ほったらかしの無水調理で。
食欲をそそるカレー味。夏は冷やして食べてもおいしい。

材料 (2人分)

鶏もも肉 ……………………………… 300g
パプリカ (赤) ……………………… 1個
なす ………………………………………… 1本
ズッキーニ ……………………… 1/2本
ブロッコリー ………………… 1/4個
玉ねぎ ……………………………………… 1個
トマト …………………………………… 小2個
レンズ豆 …………………………………… 30g
A ｜野菜だしの素 (粉末) …… 大さじ1
｜ローリエ ……………………………… 1枚
｜オリーブオイル ……………… 大さじ1
塩、こしょう ……………………… 各適量
カレールゥ (フレーク) ……… 大さじ1

作り方

1. 鶏もも肉は一口大に切る。パプリカは縦に8等分に切る。なすは皮ごと大きめの乱切りにする。ズッキーニは1cm幅の輪切りにする。ブロッコリーは小房に分ける。玉ねぎはくし形に切る。

2. 鍋に1を入れ、トマトを手でつぶして加える。レンズ豆とAを加え、塩、こしょうをしたらふたをし、弱火で20分ほど煮る。

3. 野菜からたっぷりの水分が出てきたら、カレールゥを入れて混ぜ、塩で味を調える。

本書で使う野菜だしは、久原本家 茅乃舎の「野菜だし」を使っています。袋を破って、中のだしを調味料代わりに使っても。煮ものや炒めものも、味を品よくまとめてくれます。

大人のポークチャップ

ケチャップと中濃ソースの酸味を飛ばしながら煮詰めた、コクうまの味。
白だしがきいたクリーミーなマッシュポテトを添えて。

材料（2人分）

豚肩ロース肉（ブロック） ………… 200g
マッシュルーム ……………………… 4個
トマト …………………………………… 大1個
玉ねぎ ………………………………… 1/2個
にんにく ……………………………… 1かけ
塩、粗挽き黒こしょう ………… 各適量
小麦粉 …………………………………… 適量
　　｜トマトケチャップ ……… 大さじ4
A　｜中濃ソース ………………… 大さじ3
　　｜野菜だしの素（粉末）…… 大さじ1
オリーブ油 ……………………… 大さじ1
クリーミーマッシュポテト（下）、
クレソン …………………………… 各適量

作り方

1. 豚肉は筋切りをして食べやすい大きさに切り、麺棒などでたたく。塩、粗挽き黒こしょうをふり、小麦粉をまぶす。マッシュルームは薄切りにする。トマトは切り目を入れて、手でつぶす。

2. 玉ねぎとにんにくはすりおろし、Aと混ぜ合わせる。

3. フライパンにオリーブ油を入れて中火で熱し、豚肉の両面がきつね色になるまで2分ほど焼く。

4. 3にマッシュルーム、トマト、2を加え、3分ほど煮る。器にクレソン、クリーミーマッシュポテトとともに盛る。

クリーミーマッシュポテト

材料（2人分）

じゃがいも ………………………… 1個
白だし ………………………… 大さじ1
生クリーム ………………… 大さじ2

作り方

じゃがいもは皮ごと、竹串がスッと通るくらいになるまでゆでる。粗熱がとれたら皮をむいてボウルに入れ、マッシャーなどでつぶす。白だし、生クリームを加えて混ぜ合わせる。

菜の花ペペロンチーノ

菜の花に含まれるビタミンCの量は食材の中でもトップクラス。パスタは、少し
早めに上げてフライパンで仕上げると、ぷるんとした麺に味がしっかりなじみます。

材料（2人分）

スパゲッティ	160g
菜の花	1/2束
釜揚げしらす（大きめのもの）	50g
にんにく	1かけ
鷹の爪	1本
塩	適量
オリーブ油	大さじ2

パスタの代わりに使っているのが「ZENB（ゼ
ンブ）ヌードル」。黄えんどう豆から作られて
いて、豆由来の植物性たんぱく質や食物繊維
もしっかりとれ、低糖質でグルテンフリー。
エスニックなレシピにもよく合います。

作り方

1. 鍋にたっぷりの湯を沸かす。1%の塩（分量外）を入れ、スパゲッティを表示通りにゆでる。

2. 菜の花は、穂先、葉、茎に分ける。にんにくは薄切りにする。鷹の爪は種をとって手でちぎる。

3. フライパンにオリーブ油とにんにく、鷹の爪を入れて中火で熱し、ふつふつとしてきたら弱火にする。にんにくがきつね色になったら、鷹の爪とともに取り出し、火を止める。

4. スパゲッティがゆで上がる3分ほど前になったら、3のフライパンを中火にかける。菜の花の茎を炒め、穂先と葉、釜揚げしらすを加えて軽く炒める。

5. スパゲッティがゆで上がる2分前になったら、4にスパゲッティゆで汁大さじ2を加え、フライパンをゆすって混ぜ合わせる。

6. ゆで上がったスパゲッティの水けをきって5に加え、菜箸で大きく混ぜて味をなじませる。器に盛り、3のにんにくと鷹の爪を散らす。

ハリ・コシ・ツヤを
導くのはキューティクル

キューティクルのためにもたんぱく質を

髪のハリやコシを失う原因の一つが、清潔ではない頭皮環境。毛穴が詰まり、毛根を刺激することでハリやコシに影響を与え、さらに毛髪ダメージも加速してツヤもなくなり、髪トラブルを招きます。また、偏った食生活やストレスなどの生活環境も頭皮環境を悪化させます。

頭皮環境を整える一方で、意識したいのがキューティクルです。

髪の構造は、主体となる毛皮質(コルテックス)、その内側に毛髄質(メデュラ)があり、外側を毛小皮(キューティクル)が覆う3層構造です。キューティクルは毛の表面を作る細胞層。5〜6層構造で髪の内部を守り、毛の形を保つのに大きな役目を果たしています。その厚さは約0.5μm(0.0005mm)ほどです。

過度なブラッシングによる摩擦、ドライヤーやヘアアイロンなどの熱、紫外線や大気汚染などの環境的要因、パーマやヘアカラー、ブリーチなどの薬剤もキューティクルにダメージを与えます。キューティクルがダメージを受けると、損傷が髪の内部にまで進行。結果、髪のハリ、コシ、ツヤに大きく関係していることがわかっています。

キューティクルを構成するケラチン線維は、シスチンやシステインなどのたんぱく質でできています。また、毛に特有なケラチン関連たんぱく（KAP）がケラチン線維を密着させる役目を担っています。これらは食事からでしかとれないため、美髪を維持するには、たんぱく質を意識してとりながら、ホームケアやサロントリートメントでケアしたいものです。

紫外線から守るケアを

髪は紫外線を浴びるとパサつき、ツヤを失い、のちの抜け毛につながります。紫外線が頭皮に炎症を起こすと、深層部にある毛根にダメージを与える可能性も。髪のダメージが現れるのは、受けたそのときではなく、約3か月後から。紫外線量が多い4〜7月のUVケアを怠ると、7〜11月頃まで抜け毛が続きます。

紫外線をダイレクトに受ける頭皮は、顔の3倍以上の紫外線にさらされているといわれています。髪だけでなく、分け目やつむじなど無防備になりがちな頭皮にも日焼け止めをつけ、日傘などで対策を。紫外線は1年中降り注いでいます。頭皮も肌の一部ですから、肌と同じように紫外線から守りましょう。

ハリ・コシ・ツヤを作るドライヤーテク

髪が生乾きのまま寝てしまうと、湿った頭皮に細菌が増殖し、
臭いやかゆみなど、頭皮環境の悪化につながります。また半乾きの状態は
キューティクルが開いているため、そのまま寝たり、ブラッシングをすると、
キューティクルがはがれ、切れ毛やパサつきの原因に。
自然乾燥ではなく、ドライヤーで乾かしてツヤ髪をキープしましょう。

1.

タオルドライをする

水分を多く含んだまま乾かし始めると、時間が
かかり、長時間ドライヤーの熱にさらされるこ
とで、キューティクルにもダメージが。タオル
ドライをしっかりすることで、乾かす時間も短
縮。美香さんはタオルターバンを15分。その
間にスキンケアをしてからドライヤーを使うと、
ロングヘアが7分で髪が乾くそう。

[美香さん愛用]

ナノケアシリーズの中で最大風量でありながら、
コンパクトで軽量。水分発生量が豊富な高浸透
ナノイー搭載で、髪にも頭皮にもうるおいが。
パナソニック ヘアードライヤー ナノケア EH-
NAOJ ディープネイビー ¥38,610（参考価格）

2.

地肌をしっかり
乾かす

ドライヤーを当てるのは、乾きにくい根元から。
内側から髪を持ち上げ、風の通り道を作りなが
ら、地肌〜毛先を乾かす。風は上から下へ、キ
ューティクルに沿うように当てて、風を髪全体
に行き渡らせる。温風を一か所に当て続けると
温度が高くなり、髪が傷むので注意。

Point

髪のたんぱく質は
温めるとやわらかくなり、
冷やすと引き締まる。
この性質を利用する

3.
ボリュームアップの
クセをつける

髪が8割方乾いたら、ふんわりと見せたいトッ
プの毛束を持ち上げ、根元の部分に、髪の流れ
と逆方向に温風を当てる。温まったらすぐに冷
風を当てるとクセがつきやすい。

4.
冷風で、サロン帰りの
仕上げに

上から下に、髪の流れに沿って温風→冷風の順
に当てる。冷風で髪のたんぱく質が冷えること
で髪の状態を固定するため、寝グセ予防にも。
冷風は乾かしすぎによる熱ダメージも緩和。

[美香さん愛用]

キューティクルケア

イン&アウトバスのひと手間が髪にツヤをもたらします。

A ビネガー（酢酸）とザクロエキスをブレンドしたヘアリンス。トリートメント後、頭皮と髪になじませてマッサージし、2〜3分後に洗い流すことで、頭皮もすっきり。キューティクルを引き締め、ダメージヘアもなめらかに。SABON シャインヘアビネガー 190ml ￥3,300

B アップルビネガーや6種類の植物オイルなどを配合した弱酸性のミスト。濡れた髪になじませてタオルドライをするとキューティクルを引き締め、からみを防いでツヤをもたらす。乾いた髪に使うと広がりを予防。フィリップ B ディタングリングトーニングミスト 125ml ￥4,400

C 髪をケアしながら、スタイルが自然に決まる細かなミスト状のスタイリングローション。スプレーした後、手ぐしでさっと整えると、寝グセや乾燥が解消され、指通りはサラサラ、髪に自然なツヤが。天然由来成分97％。THREE ヘアケア&スタイリングローション 118ml ￥3,300

浮き毛フィックス

残念な印象になる浮き毛を
さっとケアしてくれます。

紫外線ケア

肌以上に無防備な髪や頭皮を
やさしくプロテクト。

A マスカラのようなブラシ、トレハロース（毛髪保護成分）ジェルが、頭頂部の飛び出た毛をしっかりとなじませる。フィックス力が高いのにペタつかず、お湯で簡単にオフできる。ミルボン エルジューダ ポイントケアスティック 15ml ￥1,650（美容室専売品）

B 浮き毛を抑えるほか、毛流れを整えたり、前髪や後れ毛につけて束感を出したり。オーガニックな植物オイルがキューティクルにも浸透し、髪をなめらかに整える。ゼラニウムの香りも心地いい。ジョンマスターオーガニック スリーキングスティック 15g ￥2,530

C アウトバスで使う濃厚なトリートメントオイル。タオルドライ後の髪、または乾いた髪に使うと、オーガニックの有効成分が髪に栄養を与えながら、シルクのような自然なツヤに。ドライヤーの熱からも保護。オーウェイ グロッシーネクター 160ml ￥6,160（美容室専売品）

D 紫外線や海水、プールの塩素などから髪を守り褪色を防ぎ、毛髪繊維を補修するヘアミルク。髪をコートし、パーマなどでバサついた髪、まとまりにくい髪にもツヤが。出かける前の習慣に。シスレー ヘア リチュアル ヘア プロテクティブ フリュイド 150ml ￥11,550

白髪

をケアするレシピ

生え際や頭頂部などに、容赦なく現れる白髪。でも、白髪になったからといって諦める必要はありません。髪は、髪の中の色素細胞であるメラノサイトからメラニン色素が生成され、毛髪全体に行き渡ると黒くなります。白髪は、メラニン色素が生成されていない、もしくは、減少し、活動が低下した状態。その原因は、加齢によるメラノサイトの機能低下、頭皮の血行不良、遺伝、ストレス、栄養不足や睡眠不足などさまざまです。日々の食事でメラノサイトの働きを正常に保つ栄養が不足したり、細胞の代謝が正常に行われないと白髪になることも。遺伝によるもの以外の理由であれば、食生活や生活習慣の改善によって、これから生える髪が白髪になるのを予防でき、黒髪が増える可能性があります。白髪をケアする栄養素は、代謝に関わるビタミンB$_2$、髪の構成成分で欠かせない亜鉛や銅などのミネラルです。特にメラノサイトの活性化には、ビタミンB$_2$とともに、牡蠣やナッツ類に含まれる銅が必要です。牡蠣や牛肉、豆類などに多い亜鉛は髪悩み全般に関わりますが、不足しがちな栄養素なので、意識してとりましょう。また、ストレスを感じるとメラノサイトの働きが低下するので、自分に合ったストレスケアも忘れずに。

・ ビタミンB₂

皮膚や粘膜、髪などの代謝を促し、頭皮の過剰分泌を調整し、頭皮環境を整える。色素細胞であるメラノサイトの老化を予防し、白髪をケア。

レバー、チーズ、卵、アボカド、納豆、海苔、牛乳など

・ 亜鉛

色素細胞であるメラノサイトの働きを活発にし、白髪を予防。髪や頭皮の新陳代謝を促進。毛根の働きを活発にして黒髪の成長を促す。

牡蠣、豚レバー、牛肉、卵、大豆・大豆製品、そら豆、レンズ豆など

・ 銅

髪の毛の色を作り出すメラニン色素の生成に関わる。不足するとメラニン色素の生成量が落ち、白髪が増える。

牡蠣、するめ、桜えび、昆布、ピスタチオ、アーモンド、カシューナッツ、大豆、そら豆、山いもなど

漬けまぐろとアボカドの納豆とろろ

まぐろのたんぱく質、アボカドのビタミンB2、納豆の亜鉛、山いもの銅。
白髪をケアする栄養素を含む食材を、とろろの上に端正に盛って。

材料（2人分）

まぐろ	……………	1/2さく（100g）
アボカド（やや硬めのもの）	……	1/2個
オクラ	……………	2本
納豆	……………	1パック
山いも	……………	7〜8cm（200g）
A　しょうが	……	1かけ（すりおろす）
醤油	……………	小さじ1
みりん	……………	小さじ1
レモン汁	……………	1/2個分
煎り酒	……………	大さじ1
塩昆布、もみ海苔、		
わさび	……………	各適量

作り方

1. まぐろは筋（繊維）に対して直角に、1cm厚さに切る。Aで下味をつけ、10分ほど置く。

2. アボカドは横に薄切りにし、レモン汁を搾る。

3. オクラは熱湯でさっとゆで、縦半分に切る。

4. 納豆はよく混ぜる。

5. 山いもはすりおろし、煎り酒を加えて混ぜ合わせる。

6. 器に山いもを流し入れ、まぐろとアボカドを交互に盛る。納豆とオクラを盛り、塩昆布、もみ海苔をのせて、わさびを添える。

カリカリベーコンとナッツのサラダ

メラニン色素の生成に関わる銅を含むナッツをざく切りしてたっぷりと。
ハニーレモンドレッシングとグレープフルーツの果汁で麗しさを添えて。

材料（2人分）

ベーコン	2枚
ピスタチオ、カシューナッツ、 アーモンド	各10粒
レンズ豆（水煮）	大さじ2
グレープフルーツ	1個
サラダほうれん草、ルッコラ、 ベビーリーフなど	100g
レモン汁	1個分
はちみつ	大さじ3
A 塩	小さじ1
粗挽き黒こしょう	適量
オリーブ油	大さじ2

作り方

1. ベーコンは1cm幅に切り、テフロン加工のフライパンで、カリカリになるまで炒めたら取り出す。

2. ナッツ類は粗めに砕く。1のベーコンの油が出たフライパンで軽く炒めたら、レンズ豆と合わせる。

3. グレープフルーツは皮をむき、果肉を切り出す。

4. Aを混ぜ合わせてドレッシングを作る（オリーブ油を少しずつ入れて混ぜると乳化しやすい）。

5. 器に葉野菜を盛り、グレープフルーツをのせ、1と2を盛る。4を食べる直前に回しかける。

台湾風塩卵

変わりきんぴら

台湾風塩卵

卵はビタミンB₂、亜鉛など白髪をケアする栄養素を多く含む食材。
五香粉の独特な香りで台湾屋台風に。常備しておくと便利です。

材料（2人分）

卵	2〜6個
水	300ml
塩	大さじ1
五香粉	小さじ1

作り方

1. 半熟ゆで卵を作る。沸騰した湯に卵を入れ、6分半ゆでたら冷水にとり、殻をむく。

2. 鍋に水、塩、五香粉を入れて中火にかける。沸騰したら火を止め、粗熱をとる。

3. 保存容器（卵が漬け汁にかぶるくらいの大きさのもの）やポリ袋にゆで卵を入れ、2を注ぎ、3時間〜漬ける。最初の2時間は30分ごとに卵の上下を返し、味をなじませる。冷蔵庫で1〜2日保存可能。

変わりきんぴら

牛肉のコク、セロリの風味と食感がクセになる。
食材はせん切りにするので火の通りも早いです。

材料（2人分）

牛薄切り肉	100g
にんじん	1本
セロリ	1/2本
ごぼう	1/2本
アーモンド	大さじ1
野菜だしの素（粉末）	小さじ2
A 酒	大さじ1
醤油	大さじ1
みりん	大さじ1
ごま油	適量

作り方

1. 牛肉は細切りにする。にんじん、セロリはせん切りにする。ごぼうはせん切りにし、10分ほど水にさらしてアクをとり、水けをきる。アーモンドは粗く砕く。

2. フライパンにごま油を入れて中火で熱し、牛肉と野菜だしの素を入れて炒める。

3. にんじん、セロリ、ごぼうを加え、強火でシャキシャキ感が残るくらいに炒める。Aを入れて混ぜ合わせたら火から下ろす。

4. 器に盛り、アーモンドを散らす。

牡蠣とプルーンの
エスニックバター

亜鉛も銅も豊富に含む牡蠣を、エスニック風味のバターソテーに。
濃厚なうまみにプルーンがとろりとからまって、ワインともよく合います。

材料 (2人分)

牡蠣(加熱用) ……………………… 8個
ドライプルーン ………………………… 2個
A
　紹興酒(または酒) ……… 大さじ2
　オイスターソース ……… 大さじ2
　醤油 ………………………… 小さじ1
　クミンパウダー ………………… 適量
片栗粉 ……………………………… 大さじ2
バター ……………………………… 2かけ
おろしにんにく ………………… 小さじ1

作り方

1. 牡蠣は塩(分量外)をまぶしてふり洗いし、ぬめりや汚れを落とす。キッチンペーパーで水けをふきとる。

2. ボウルにAをよく混ぜ合わせて牡蠣を入れ、冷蔵庫で15分ほど漬ける。汁けをよくふき、片栗粉を全体にはたく。漬けだれはとっておく。

3. プルーンは縦半分に切り、種があればとる。

4. フライパンにバターを入れて中火で熱し、おろしにんにく、牡蠣、プルーンを入れる。焼き色がついたら牡蠣の上下を返し、ふたをして3分蒸し焼きにする。ふたをとり、2の漬けだれを入れたら中火にし、全体にとろみがつくまでソテーしながら煮詰める。

レバーのカレーパン粉焼き

メラニン色素を増やすもととなる成分が豊富なレバーをミラノカツレツのイメージで。
カレー粉入りのパン粉をまとわせて揚げ焼きにすれば、濃厚なコクにやみつき。

材料（2人分）

豚レバー	………………………	200g
A	酒 ……………………	大さじ1
	醤油 …………………	大さじ3
	おろししょうが …………	小さじ1
	おろしにんにく ……………	小さじ1
パン粉	………………………	適量
B	カレー粉 …………………	小さじ1
	塩 ……………………	小さじ1
	黒こしょう ………………	適量
オリーブ油	……………………	大さじ3
クレソン	………………………	1〜2本
レモン	………… くし形切りを2個
カレー塩	……………………	好みで

作り方

1. 豚レバーは冷水に15分ほどさらし、血抜きをする。流水で洗い流したら、水けをしっかりふきとる。5mm厚さの大きめのそぎ切りにする。

2. ボウルにAを合わせてレバーを入れ、冷蔵庫で1時間ほど漬ける。

3. バットにパン粉を深さ1cmくらいになるまで入れ、手でもんで細かくする。Bを加えて混ぜる（カレーパン粉）。

4. レバーの汁けをふき、カレーパン粉をつける。

5. フライパンにオリーブ油を入れて熱し、強火で、4を両面がカリッとするまで焼き上げる。

6. 器に盛り、クレソンとレモン、好みでカレー塩を添える。

たっぷりしょうがとなすの薬膳ラー油

肉のうまみを吸ったなすと、3つの食感のしょうがでパンチのきいたおいしさ。
加熱したしょうがのショウガオールの血行促進作用でメラニン色素の働きをサポート。

材料（2人分）

なす	2本
牛ひき肉	200g
しょうが	1個
長ねぎ	1/2本
にんにく	1かけ

A
酒	大さじ1
みりん	大さじ1
味噌	大さじ2
塩	少量

ごま油	大さじ2

「藤波家の漢方ラー油」
（または松の実などが入ったラー油）
.... 小さじ2

作り方

1. なすはへたを落として縦半分に切り、皮に格子状に細かく切り目を入れる。しょうがは針しょうがにし、トッピング用に1/5量（a）を取り分ける。長ねぎ、にんにくはみじん切りにする。

2. フライパンにごま油を入れて中火で熱し、針しょうがを炒める。香りが出てきたら2/3量を取り出し（b）、残りはカリッとするまで炒め、取り出す（c）。

3. 2のフライパンにねぎ、にんにくを入れ、中火で炒める。香りが出てきたら牛ひき肉を入れて炒める。ひき肉の色が変わってきたら、なすと針しょうが（b）を入れ、炒める。

4. Aをよく混ぜ合わせて回し入れ、全体に味がなじむように炒める。

5. 器に盛り、薬膳ラー油をかけ、針しょうが（c）、（a）の順にのせる。

「藤波家の漢方ラー油」（藤波家の食卓）は、薬膳で白髪に効果があるといわれる「赤い食材」（クコの実や松の実など）、「黒い食材」（黒豆など）が入っているので、白髪をケアするレシピでも大活躍しています。

Memo ・薬膳系のラー油がない場合は、松の実やクコの実、干しえびなどを刻み、ひき肉と一緒に炒め、仕上げにラー油をかけても。

鶏手羽元の グリーンカレースープ

鶏肉や玉ねぎ、レンズ豆など白髪をケアする食材と野菜がたっぷりで、
まろやかなおいしさ。鶏手羽元で頭皮の弾力に欠かせないコラーゲンを補給。

材料（2人分）

鶏手羽元	4本
なす	1本
玉ねぎ	小1個
パプリカ（赤）	1/2個
マッシュルーム	6個
ヤングコーン	4本
レンズ豆	20g
塩、こしょう	各適量
グリーンカレーペースト	50g程度
水	300ml
ココナッツミルク	200ml
ナンプラー	少量
きび砂糖（または砂糖）	小さじ2
オリーブ油	大さじ1
パクチー、 パルメザンチーズ	各適量

作り方

1. 鶏手羽元に、塩、こしょうを軽くふる。

2. なすは2cmの輪切りにする。玉ねぎはくし形に8等分する。パプリカは8等分に切る。マッシュルームは大きければ半分に切る。

3. 鍋にオリーブ油とグリーンカレーペーストを入れて中火にかけ、香りが立つまで炒める。

4. 鶏手羽元を入れ、軽く焼き色をつけたら、2、ヤングコーン、レンズ豆、水を加える。

5. 野菜に火が通ったらココナッツミルクを入れ、ナンプラー、砂糖を加えて味を調える。器に盛り、パクチーをのせ、パルメザンチーズをふる。

Memo ●好みの味になるよう、砂糖の分量を調整してください。

ゆで豚レモンと黒酢ナッツソース

ゆで豚をレモンでさっぱりと爽やかに。ソースの黒酢はたんぱく質を
作り出すアミノ酸が豊富で、血流をよくし、白髪の改善に。

材料（2人分）

[ゆで豚の材料]
豚バラ肉（ブロック） ···················· 400g
塩 ·· 大さじ1
しょうが ·· 1個
にんにく ·· 1かけ
長ねぎ ··· 1/5本
レモン ··· 1個

[黒酢ナッツソースの材料]
アーモンド、
カシューナッツ ······························· 各5個
黒酢 ·· 大さじ2
醤油 ·· 大さじ2
はちみつ ··· 大さじ2
オイスターソース ···················· 小さじ1
五香粉 ·· 少量

作り方

1. ゆで豚を作る。豚バラブロック全体に塩をしっかりすり込む。ラップで全体をぴったりと包み、バットなどに入れ、冷蔵庫で一晩置く。

2. 1を軽く洗って、水けをキッチンペーパーでしっかりふきとる。

3. しょうがは皮ごと薄切りにする。にんにくは包丁でつぶす。長ねぎは、青い部分を切り分け、白い部分は白髪ねぎにする。

4. 鍋に豚肉がかぶるくらいの水（分量外）を入れ、しょうが、にんにく、ねぎの青い部分を入れて中火にかける。沸騰したら豚肉を入れ、すぐ弱火にし、アクをとりながら30分ほど火を通す。火を止めてそのまま置き、粗熱がとれたら薄切りにする。

5. 黒酢ナッツソースを作る。アーモンド、カシューナッツは乾煎りして粗く刻み、そのほかの材料と混ぜ合わせる。

6. レモンを薄い半月切りにする。器にゆで豚とレモンを交互に盛り、白髪ねぎと黒酢ナッツソースを添える。

Memo ・レモンは冷やしておくと切りやすいです。

ほたてとそら豆、桜えびのパスタ

パスタにも、白髪ケアを意識した食材を。ほたてやそら豆をゴロゴロ入れて
シンプルな味ながら食べごたえのある一皿。そら豆の代わりに枝豆を使っても。

材料（2人分）

スパゲッティ	200g
ほたて（刺身用）	6個
そら豆	10個
桜えび（生）	50g
にんにく	2かけ
鷹の爪	2本
塩	適量
オリーブ油	大さじ4
レモン	1/4個

作り方

1. 鍋にたっぷりの湯を沸かす。1%の塩（分量外）を入れ、スパゲッティを表示通りにゆでる。

2. ほたては横3等分に切る。フライパンにオリーブ油大さじ1を熱し、強火でほたての両面に薄く焼き色をつけたら、取り出す。

3. そら豆は軽く塩ゆでし、横に半分に切る。2のフライパンにオリーブ油大さじ1を入れ、中火でそら豆、桜えびを炒めたら、取り出す。

4. にんにくをみじん切りにする。鷹の爪は種をとり、ちぎる。

5. フライパンにオリーブ油大さじ2とにんにく、鷹の爪を入れて弱火にかける。香りが出てきたら、にんにくがきつね色になる一歩手前で火を止める。スパゲッティのゆで汁大さじ1を入れ、よく混ぜ合わせる。

6. スパゲッティを湯切りして加え、2、3も加えて、混ぜ合わせる。器に盛り、レモンを添える。

Memo ・生の桜えびがない場合は、干し桜えび20gをぬるま湯で戻して使います。

" 白髪ケアは生活習慣から "

白髪≠老化。ストレスや生活習慣も原因に

黒髪のもととなるのが色素細胞(メラノサイト)。これが毛母細胞にメラニン色素を供給することで髪は黒く見えます。メラニンが多いほど髪は黒くなりますが、加齢によって色素細胞の機能が低下(枯渇)し、メラニン色素を作ることができなくなると白髪になります。

白髪は老化現象の一つですが、実は30代までに7割の女性が白髪を見つけたことがあるという結果も。加齢以外にも遺伝的要因、ストレス、食生活など生活習慣の乱れも原因といわれ、白髪＝老化という常識が変わりつつあります。

長らく、ワカメや昆布、海苔などを食べると髪が黒くなると信じられてきました。確かに、海藻に含まれるミネラルは髪の健康のために積極的にとりたい栄養素ですが、これだけを食べていても髪は黒くなりません。たんぱく質とともに必要な栄養素をバランスよく食べ、頭皮環境を整えることが、色素細胞の働きの活性化につながります。

また、ストレスを感じると毛細血管が萎縮し、栄養と酸素の供給に影響が出ます。体内温度を上昇させ、血流をよくして免疫力をアップしたり、リラックスする時間も大切です。白髪を気にしてストレスがたまると、かえって髪にはよくありません。

白髪を抜いてしまう方がいますが、毛根にダメージを及ぼし、次に生える毛髪のサイクルに影響を与えるので、抜くのはご法度。今は白髪を手軽にリタッチできるヘアマスカラなども豊富で、シャンプーで落とせるカラーがあったり、サロンでは白髪をなじませるようなカラー提案もあります。頭皮に優しい天然由来の保湿成分が入った製品を選べば、白髪も優しくケアできます。

白髪隠しのコツ

地肌についたり、ムラができたり。意外と大雑把につけている人が多いのが、白髪隠し。
気になる白髪は、手軽にカモフラージュできるアイテムを上手に使って。

マスカラタイプ

場所を問わず使いやすいタイプ。ブラシを当て、2cmくらいずつ、すっすっと動かす。力を入れると頭皮に色がつくので注意。まつげのマスカラと同じように、一方向に丁寧に。

Point
**ブラシの先を
ティッシュオフ**

先端にたまった液を調整する。このひと手間を省くと、べったりつきすぎたり、乾くのに時間がかかることも。

ファンデーションタイプ

量はこのくらい

生え際や分け目に。ブラシを2〜3回つけてとり、根元から5mmくらいずつつける。ブラシは、頭頂部などは寝かせて、生え際は立てながら。ブラシを持っていない手で髪を押さえるときれいにつく。

コンシーラータイプ

ヘアカラーをしてもすぐ気になる根元や、伸びた白髪に。コームのフェルト部分から色が出てくるタイプはコームを根元に密着させ、髪の流れに沿って数回重ねる。髪はたるませないようピンと張って。

[美香さん愛用]

白髪隠し

テクニック不要。気になる白髪を手軽にホームケア。

A ウォータープルーフのヘアフ
ァンデーション。使用感がわか
らないほどナチュラルな仕上が
り。軽くブラッシングすること
で白いうぶ毛も自然にしっかり
隠す。ローヤルゼリーエキスな
どミツバチ由来の美容成分を配
合。山田養蜂場 クイックヘア
ファンデ 全3色 6.5g 各￥2,750

B 額の生え際やもみ上げのライ
ンに影を作るように塗ると、自
然な小顔感に。額から頭皮に向
かってポンポンと塗り込めば、
根元の白髪や薄毛が気になる部
分が目立ちにくくなる。ドライ
パウダーが肌にしっかりフィッ
クスし、落ちにくい。かならぼ
フジコ dekoシャドウ 4g ￥1,815

C ちらほらと目立ち始めた白髪
に。コームでとかすように使う
と髪がからみ、気になる部分を
ピンポイントで、気軽に手軽に
染められる。乾きも早く、あわ
ただしい朝にもぴったり。アリ
ミノ カラーストーリー プライ
ム ポイントコンシーラー M 10ml
￥1,980（美容室専売品）

育毛剤

髪本来の色を保つために。育毛剤で血行促進、毛根活性を。

A 豊かな黒髪を作り出す毛根部に着目したスカルプエッセンス。贅沢に配合した有効成分が血行を促進し、髪を健やかに育む。育毛をはじめ、薄毛やフケなど幅広い髪悩みに対応。髪と頭皮のエイジングケアに。コスメデコルテ ステムノワール［医薬部外品］170ml ¥6,600

B 育毛ケアのパイオニア的存在。有効成分が毛根に発毛シグナルを伝達。薄毛や脱毛を予防しながら発毛を促進し、健やかでしっかりとした髪に育てる。資生堂プロフェッショナル ザ・ヘアケア アデノバイタル アドバンスト スカルプエッセンス［医薬部外品］180ml ¥7,700

C 〝抗白髪〟を可能にしたスカルプエッセンス。メラニンの産生を高め、色素幹細胞から毛母細胞に届くまでのメカニズムにアプローチし、白髪予防では対応できなかった黒髪合成をサポート。デミコスメティクス デミドゥ スカルプエッセンス ブラックロジスト 80ml ¥4,400

アイケア

頭皮とつながっている眼輪筋を
ケアして血流をよくします。

目の周りの眼輪筋は頭皮（前頭筋）と
つながっており、目が疲れると前頭
筋も緊張してしまう。加圧・振動・
温感の3つの機能で目周りをほぐす
ことで頭皮の血流を促し、黒髪を育
んで。ドクターエア 3D アイマジッ
ク REM-04 ￥17,600

サプリメント

白髪ケアに欠かせない亜鉛。
不足しないようサプリも活用。

A メラノサイトの働きを活発にする
亜鉛に、銅、セレン、ビタミンCを
高濃度で配合。髪にハリも。TAKA
KOスタイル ザ ゼットエヌ ビューテ
ィー ミックス 90粒 ￥6,480

B 亜鉛や、抜け毛を予防する大豆抽
出物を配合。飲む育毛トリートメン
トで抜け毛、薄毛のケアを。TAKA
KOスタイル パントレックス 5 for
AMATA 120粒 ￥13,176

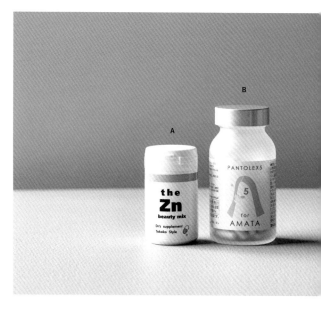

癒しの香り

睡眠不足やストレスも白髪の大敵。香りでリラックスできる時間を。

睡眠不足による細胞の代謝低下、過度なストレスも白髪の原因に。リラックスし、質の良い睡眠に誘うのが香り。KITOWAのインセンス（左／本人私物）は洗練された日本の伝統的な香り。美香さんが手がけるアロマブレンドオイル（右）は3つの〝感情の香り〟をイメージ。心地よさを感じる香りで安眠モードに。AMATA アーバン アーユルヴェーダ ビロード 10ml 各￥4,950

うねり

をケアするレシピ

今までと同じようにケアしているのに、髪型がキマらず、まとまりにくい。ストレートヘアだったはずなのに、ところどころクセが出てきている……。そんな"大人のうねり"は、髪の老化現象の一つです。加齢で頭皮がたるんだり、頭皮が清潔に保たれず、皮脂や酸化物質などが詰まると毛穴がゆがみ、髪がうねって生えます。また、髪の水分量やコラーゲンの減少により毛髪内部の成分がかたよることで毛髪がゆがみ、クセが出やすくなります。紫外線やパーマ、ヘアカラーなどの刺激で髪表面のキューティクルが失われることも、うねりの原因に。頭皮や髪の根元を内側からケアすれば大人のうねりを落ち着かせることができます。髪のもととなるたんぱく質の不足は髪の乾燥やパサつきの原因にもなるので、しっかりとりましょう。緑黄色野菜に多いβ-カロテンは体内でビタミンAとなり、髪のもととなる毛母細胞を活性化させる効果があります。アボカドやほうれん草などに多いビタミンEは、抗酸化作用で血流を改善して、毛母細胞まで栄養を届けて頭皮環境を改善。また、年齢とともに減少する女性ホルモンと似た働きをする大豆イソフラボンは、キューティクルの整った丈夫な髪をサポートし、うねりやクセの解消にもつながります。

• ビタミンA（β-カロテン）

頭皮の新陳代謝を促進し、健康に保つことで、うるおいとツヤのある髪に。

レバー、うなぎ、銀だら、あん肝、モロヘイヤ、にんじん、かぼちゃ、小松菜、ちんげん菜、すいか、あんず、海苔など

• ビタミンE

抗酸化作用で血管を広げ、血行を促進し、毛母細胞までしっかり栄養を届ける。

あん肝、うなぎ、かぼちゃ、モロヘイヤ、アボカド、ほうれん草、アーモンド、落花生など

• 大豆イソフラボン

女性ホルモンと似た働き。年齢や生活習慣で女性ホルモンのエストロゲンが減少すると、髪がパサつき、ハリやコシがなくなっていく。

大豆、大豆製品（豆腐、納豆、厚揚げ、豆乳）など

小松菜の煮浸し

頭皮や髪を健やかに保つ
小松菜と油揚げ。
穏やかなおいしさ。

アボカドサーモンの
ゆずこしょう風味

相性のいい
アボカドとサーモンを
小盛りにして粋な旨肴に。

ふわふわ卵の
にんじんしりしり

にんじんとスクランブルエッグを
合わせるイメージで。
卵がふわふわなうちに器へ。

小松菜の煮浸し

材料（2人分）

小松菜		2株
油揚げ		2枚
A	水	200ml
	和風だし（粉末）	小さじ2程度
B	みりん	大さじ1
	白だし	大さじ1
かつお節（糸削り）		適量

作り方

1. 小松菜は5cm長さに切る。油揚げは縦に4等分に切る。

2. 鍋にAを入れ、強火にかける。煮立ったらBを加えて弱火にする。油揚げを入れ、穴をあけたアルミホイルで落としぶたをして3分加熱する。

3. 小松菜を加え、再び落としぶたをし、中火で1分煮たら火を止め、そのまま30分程おいて味をなじませる。器に盛り、かつお節をのせる。

アボカドサーモンのゆずこしょう風味

材料（2人分）

アボカド	1個
サーモン（刺身用）	180g
（スモークサーモン6枚でも可）	
レモン汁	小さじ1
白だし	小さじ1
ゆずこしょう	小さじ1
ごま油	小さじ1
もみ海苔、塩昆布	各適量

作り方

1. アボカドは食べやすい大きさに切り、レモン汁をふる。

2. サーモンは1cm幅に切る。ボウルに白だしとゆずこしょうを合わせ、サーモンを入れて和える。

3. 器に1、2を盛り、2の漬け汁の残りをかける。ごま油をたらし、もみ海苔、塩昆布をのせる。

ふわふわ卵のにんじんしりしり

材料（2人分）

にんじん		2本
卵		3個
A	白だし	大さじ1/2
	みりん	大さじ1
	きび砂糖（または砂糖）	大さじ1/2
B	野菜だし（粉末）	小さじ2程度
	白だし	大さじ1
	みりん	大さじ1
煎りごま（白）		適量
ごま油		大さじ1

作り方

1. にんじんはスライサーなどでせん切りにする。

2. ボウルに卵を溶き、Aを加えて混ぜ合わせる。

3. フライパンにごま油を入れて強火で熱し、にんじんを炒める。Bを加えて混ぜ合わせる。2を回し入れて全体を大きく混ぜ、卵が半熟のうちに火を止める。すぐ器に盛り、ごまを散らす。

Memo
- いつもはAの代わりに茅乃舎の「東京限定 厚焼き玉子のもと」を使っています。甘い親子丼のような味に。

モロヘイヤともずくのとろみスープ

モロヘイヤは、抗酸化作用のあるビタミンA・C・Eがたっぷりで
髪の老化防止におすすめ。もずくと合わせたとろとろ食感がおいしい。

材料 (2人分)

モロヘイヤ	50g
もずく	50g
（味のついていないもの）	
絹ごし豆腐	1/2丁
オクラ	2本
A 和風だし（粉末）	小さじ2程度
酒	小さじ1
うす口醤油	小さじ2
水	500ml
水溶き片栗粉	大さじ1
もみ海苔	適量

作り方

1. モロヘイヤは茎をとり、葉をせん切りにする。豆腐は水切りする。オクラは湯通しして、粗みじんに切る。

2. 鍋にAを入れて中火にかける。モロヘイヤともずくを入れ、豆腐を手でくずしながら加えてさっと煮る。

3. 水溶き片栗粉を入れてとろみをつけたら器に注ぎ、オクラともみ海苔をのせる。

モロヘイヤと山いものすり流し

ダメージヘアをケアするモロヘイヤをたっぷり刻んで。
ほのかに青い風味とだしのうまみがしみじみおいしい、飲めるすり流し。

材料（2人分）

モロヘイヤ	50g
山いも	50g
水	200ml
和風だし（粉末）	小さじ2程度
白味噌	大さじ1
白だし	小さじ2
塩	ひとつまみ
梅肉	適量

作り方

1. 小鍋に水と和風だしを入れて火にかける。沸騰したら火を止め、白味噌を溶き入れ、白だしを加える。冷蔵庫で冷やす。

2. モロヘイヤは茎をとる。鍋に湯を沸かし、塩を入れ、モロヘイヤを30〜40秒ゆでる。水けを絞って刻む。

3. ボウルに山いもをおろし、2を加えて混ぜる。1を少しずつ加えながら伸ばしたらグラスに注ぎ、梅肉をのせる。

うざく

健康な髪に導く栄養素が豊富なうなぎ。軽く焼いた蒲焼、冷たいきゅうりの
食感と温度の差がおいしい。血行を促進するしょうがをのせて。

材料（2人分）

うなぎの蒲焼	………………	1枚
きゅうり	………………	2本
しょうが	………………	1かけ

A	酢	………………	大さじ3
	きび砂糖（または砂糖）		
		………………	大さじ1
	みりん	………………	大さじ1
	白だし	………………	大さじ1

作り方

1. きゅうりは薄切りにし、塩適量（分量外）を
   ふってもむ。10分ほど置き、しんなりした
   ら水洗いし、水けを絞る。しょうがは針し
   ょうがにする。

2. ボウルにAを入れ、1を漬け、冷蔵庫で冷
   やす。

3. テフロン加工のフライパンで、うなぎの蒲
   焼を両面焼く（皮がパリッとするくらい）。
   1cm幅に切る。

4. 器にきゅうり、うなぎ、針しょうがの順に
   盛り、2の漬け汁をかける。

ちんげん菜の桜えび炒め

ちんげん菜はツヤ髪を導くビタミンA（β-カロテン）が豊富。
ごま油でさっと炒めるだけで、桜えびのうまみが品よくまとめてくれます。

材料（2人分）

ちんげん菜	2束
干し桜えび	大さじ1
にんにく	1かけ
塩	小さじ1
ごま油	大さじ2

作り方

1. ちんげん菜は根元の固い部分を薄く切り、葉をはがす。干し桜えびはぬるま湯20ml（分量外）で戻し、水けをきる。戻し汁はとっておく。にんにくはみじん切りにする。

2. フライパンにごま油を入れて中火で熱し、にんにく、干し桜えびを入れて炒める。

3. 塩、ちんげん菜、干し桜えびの戻し汁を加え、強火で水分を飛ばしながら炒める。

スイート豆乳ポタージュ

ほんのり甘く、ぽってりとしたポタージュ。
ハリのある髪をサポートする豆乳をベースに。

材料（2人分）

さつまいも ……………………… 大1/2本
じゃがいも ……………………… 1個
玉ねぎ ……………………… 1/2個
バター ……………………… 2かけ
水 ……………………… 300ml
野菜だし（粉末） ……………………… 小さじ2
豆乳（成分無調整） ……………………… 200ml
はちみつ ……………………… 小さじ2
塩 ……………………… 少量

作り方

1. さつまいもとじゃがいもは皮をむき、1cm角に切る。玉ねぎは薄切りにする。

2. 鍋にバターを入れて中火で熱し、1を炒める。

3. 水、野菜だしを入れてふたをし、弱めの中火で煮る。さつまいもとじゃがいもがやわらかくなったら火を止め、ハンディブレンダーやおたまなどでつぶす。

4. 鍋を再び弱火にかけ、豆乳を加える。ひと煮立ちしたらはちみつを加え、塩で味を調える。器に注ぎ、好みではちみつ（分量外）をかける。

かぼちゃのぴり辛ひき肉あん

だしのうまみがきいて、ごはんにもよく合うおかず。
かぼちゃの自然な甘さをぴり辛味が引き立てます。

材料（2人分）

かぼちゃ ………………………… 1/4個

A
| 和風だし（粉末） ………… 小さじ2
| 水 ……………………………… 100ml
| 白だし ……………………… 大さじ1
| みりん ……………………… 大さじ1

鶏ひき肉（むね肉） ……………… 100g
しょうが …………………………… 1かけ
鷹の爪 ……………………………… 1本
みりん ……………………………… 大さじ1
きび砂糖（または砂糖） ……… 小さじ2
だし醤油 ………………………… 大さじ2
水溶き片栗粉 …………………… 大さじ1
ごま油 ……………………………… 小さじ2
糸唐辛子 …………………………… 適量

作り方

1. かぼちゃの煮ものを作る。かぼちゃは種とワタをとり、ラップで包み、電子レンジで3分加熱する。3～4cm角に切って面とりする。

2. 鍋にかぼちゃとAを入れ、落しぶたをして中火にかける。煮立ったら弱火にし、竹串が通るまで煮る。

3. ひき肉あんを作る。しょうがはすりおろし、鷹の爪はへたと種をとってちぎる。

4. フライパンにごま油を入れて中火で熱し、しょうがと鷹の爪を入れる。香りが立ってきたら鶏ひき肉を入れて炒める。

5. ひき肉の色が変わってきたら、みりん、砂糖を加えて炒める。だし醤油を加え、強火で煮詰めたら、水溶き片栗粉を回し入れ、とろみをつける。

6. 器にかぼちゃを盛り、ひき肉あんをたっぷりかけ、糸唐辛子をのせる。

にらたっぷり豆腐チヂミ

生地のつなぎに水切りした豆腐を使い、いつもよりヘルシーに。
ふわふわの食感なのに食べごたえがあり。

材料（2人分）

豚バラ肉	200g
にら	1束
しいたけ	2個
絹ごし豆腐	1/2丁
チヂミ粉	1袋(2枚分)
卵	1個
水	100ml
ごま油	大さじ1と2/3

［コチュジャンたれの材料］

	コチュジャン	小さじ2
	醤油	大さじ1
A	はちみつ	小さじ2
	酢	大さじ1
	ごま油	小さじ1
すりごま(白)		大さじ1

作り方

1. 豚バラ肉は4cm長さに、にらは3cm長さに切る。しいたけは薄切りにする。豆腐はしっかり水きりをする。

2. ボウルに豆腐、チヂミ粉、卵、水を入れ、粉っぽさがなくなるまで混ぜ合わせる(水分がたりない場合は調整する)。豚肉、にら、しいたけを加え、生地がまんべんなくからむように混ぜる。

3. フライパンにごま油大さじ1/2を入れて中火で熱し、2の半量を広げる。底面に焼き色がつくまで2〜3分焼いたら、上下を返す。フライパンのふちからごま油大さじ1/3(小さじ1)を回し入れ、3分焼く。残りの生地も同様に焼く。食べやすく切って器に盛る。

4. コチュジャンたれを作る。Aをよく混ぜ合わせて器に入れ、すりごまを加えて、3に添える。

すいかモッツァレラ

前菜にもぴったりなカプレーゼ。甘いすいか、ミルキーなチーズ、
バルサミコ酢の酸味で洗練された味わい。

材料（2人分）

すいか ……………… 1/10個〜（好みの量）
モッツァレラチーズ ………………… 1個
白バルサミコ酢 ………………… 大さじ1
塩 …………………………………… 適量
オリーブ油 ……………………… 大さじ1
粗挽き黒こしょう ………………… 適量
ミントの葉 ……………………… 好みで

作り方

1. すいかは食べやすい大きさのダイスカットにし、器に盛る。

2. モッツァレラチーズを手でちぎりながら1にのせる。

3. 白バルサミコ酢をかけ、塩、オリーブ油、粗挽き黒こしょうの順にふる。好みでミントの葉をのせる。

あんずクリームチーズ

甘酸っぱいドライあんずにクリームチーズをはさむだけ。
ワインを飲むときのおともにも、美髪を意識して。

材料（2人分）

干しあんず …………………………… 2個
クリームチーズ ………………… 15g程度
アーモンドスライス ………………… 適量

作り方

1. あんずは横に切り込みを入れる。クリームチーズは常温に戻す。アーモンドスライスは軽く煎る。

2. あんずの切り込みにクリームチーズをつぶしながらはさみ、アーモンドスライスをのせる。

"うねりは頭皮の老化から"

毎日の乾かし方やブローを意識して

じわじわと進行するうねり髪に悩む人は多くいます。大人のうねり髪の原因の一つは、加齢からくる頭皮のたるみによって毛穴がゆがむこと。きれいな丸い毛穴からはまっすぐの髪が生えますが、ゆがんだ毛穴からはクセがついて生えてしまいます。ほかにも、髪の水分量の減少、ホルモンバランスによるコラーゲンの減少などから毛髪内部の構成がかたよること、頭皮の汚れ（皮脂や酸化物質）による毛根のダメージなども、大人うねりを引き起こします。

髪は、約8割がたんぱく質でできています。そのうち、ケラチンたんぱくは18種のアミノ酸からなり、毛髪内部ではいくつかの側鎖結合という構成により、髪の弾力や強度に影響を与えています。このうちの水素結合は、髪が水に濡れると簡単に切れますが、乾かすと再結合してつながります。水分があるうちにドライヤーで乾かし、水分がなくなってからカールやストレートのスタイルを作ると維持できるのは、この特性を利用したものです。

髪を洗った後、完全に乾かさず、水分が残ったままだと、髪の毛の水素結合が切れ、うねりやクセが出やすくなります。よく寝グセがつく人は、毛髪内部の水分が乾かない（＝水素結合が切れたままの）状態で寝てしまい、睡眠中に乾く（＝再結合する）ことによって、クセを固定してしまっている状態に。しっかりと乾かす習慣をつけたいものです。

髪はダメージを受けると内部にダメージホールができます。ここに水分を蓄えるため、ドライヤーで乾かす時間がそれまで以上にかかるようになります。しっかり乾かしても、梅雨など湿度の高い時期にはダメージヘアが空気中の水分を吸って髪がぺたんとしたり、逆に水分が放出されやすくなり膨張することも。ドライヤーの前に毛髪水分をコントロールするヒートプロテクト剤をつけたり、ブロー後にキューティクルの表面を引き締めるオイルを使うのも効果的です。

うねり予防ケア

うねりが出にくくなるように、こまめなマッサージを。
うねりが出てきたら、ブローでしっかり水分を飛ばしてケアを。

マッサージで
毛包を立たせる

指の腹（第一関節）を頭皮に当てて固定したまま、頭皮をゆっくり動かす。指をずらして、側頭部もしっかりと。毛包が立ち、毛穴の形も改善へ。指を滑らせてしまうと、生え始めた毛にもダメージを与えることがあるので注意。

温風を面で当てて、
水分を飛ばす

ドライヤーで髪を乾かした後、くるくるドライヤーやストレートアイロンで仕上げるときは、髪を伸ばしたい部分にテンションをかけながら行う。こうすることで、髪の表面にしっかりと温風が当たり、水分が飛んで、美容室のような仕上がりに。

[美香さん愛用]

クセ毛シャンプー&トリートメント

髪を構成するたんぱく質に働きかけて、まとまりやすい髪に。

A 髪悩みごとに不足するたんぱく質に着目。うねりやクセのある髪が失いがちなたんぱく質構成成分のアラニンなどをチャージし、扱いやすい髪に導く。左から／ユニリーバ ネクサス スムースアンドマネージャブル シャンプー 440g ¥1,628、同 ヘアマスク 220g ¥1,430(参考価格)

B 〝髪骨格〟(髪内部の密度)にアプローチし、うねらない髪に。内部が空洞化した髪にうるおいを届け、湿気や外部刺激からも守る。継続使用で髪のうねりを整える。左から／カラーズ ナンバーエス うねりコントロール シャンプー 450ml ¥1,540、同 ヘアトリートメント 450g ¥1,540

C たんぱく質が欠落し、内部構造が乱れた髪に毛髪補修成分を補い、髪のゆがみを緩和するラインのクリーム。週2〜3回、トリートメント前に髪になじませて。青バラをイメージした香り。ミルボン オージュア インメトリィ コントロールクリーム 135g ¥4,400(美容室専売品)

ストレートを手に入れるブラシ

時間がないときにもサラツヤストレートにできる定番。

A 高浸透のナノイーが、うるおいを与えながらスタイリング。アタッチメントの「サロンブローブラシ」は美容室のような仕上がりに。重すぎず、冷風キープもボタン一つで使いやすい。パナソニック くるくるドライヤー ナノケア EH-KN0G ￥32,000（参考価格）

B からみやすいクセ毛をほぐしながら、頭皮をマッサージ。絶妙についたカーブが頭にフィットし、頭皮をほぐす。通気口が大きいので、ブラッシングをしながらドライヤーを使うと頭皮に風が通り、ヘアドライも時短に。ハホニコ ホグレール ￥1,760

C ヘアドライ後の仕上げに、ブラシでとかすように使うだけで、ワイドブラシから出るマイナスイオンが髪の表面に付着し、サラツヤストレートに。寝グセ直しも楽に。パナソニック ブラシストレートアイロン イオニティ EH-HS30 ￥6,600（参考価格）

Part

5

「美香亭」のこと

「サラダ、食べたい？」。ある日、サロンのスタッフに尋ねると、「食べたい！」という前のめりな答えが返ってきました。彼らの野菜不足を感じ、時折、サラダを作って渡すようになったのが2014年のこと。それが、「美香亭」の始まりです。

接客業である美容師は、お客様が続くとお昼がとれなかったり、閉店後は技術向上のために練習を重ねて夕食が遅くなったりと、食事が思うようにとれず、栄養バランスもかたよりがちです。せめて閉店時間が早い日曜日の夜は、栄養たっぷりの食事をとってから銘々の時間を過ごしてもらいたい。だったら、空腹を満たすだけでなく、立ち仕事の疲れが癒えたり、髪にもいい食事を届けたい。そうして日曜の夜は元気をチャージしてもらえたら──。サラダから始まった「美香亭」は、今では美容師の健康を考えたお弁当になりました。「美香亭」の日は、私もスタッフと一緒に食べています。この時間は、日々に忙殺されがちな中で、和める時間。皆で食べることでコミュニケーションも弾みます。レストランで食べるよりも、なんだかいいんです。

食は、人を元気にする源です。幸せで満たされる時間に心も刺激され、フレッシュな考えが湧いてくる。「明日も頑張ろう」という前向きな気持ちにつながり、笑顔も生まれる。そんなおいしい時間を共有することで団結力が増し、より強固なチームワークが生まれてきたように思います。

社員が同じ方向を向いて仕事を楽しめる環境作りも経営者の仕事。奇しくも、「美香亭」はその役目を果たしてくれているように思います。今ではスタッフの家族の分も作るように。皆に喜んでもらいたくておいしい挑戦を続ける中で、料理のレパートリーも広がりました（調味料もスパイスも活用頻度が上がりました！）。スタッフの笑顔のために料理する時間は私にとっても癒し。皆の健康と笑顔のために、「美香亭」は毎週日曜、開店しています。

ガツっとお肉 *Meat dish*

仕事終わりの空腹をしっかり満たせるお肉のおかず。体のもととなる
たんぱく質や、疲労を回復するビタミンBがとれる食材を意識して使っています。

チキン南蛮
らっきょうタルタルソース

ヘルシーなものを欲しながら
濃い味も食べたいときに。爽
やかなタルタルがおいしい。

豚の角煮

サロンの立ち仕事の疲労回復
に、ビタミンB豊富な豚肉で。
コクうまでごはんが進む！

鶏ハムと卵サラダ

高たんぱくでヘルシーな鶏ハ
ムは前の晩に低温調理で仕込
んでいます。

牛すき焼き温玉のせ

お肉をたくさん食べてもらい
たくて、お店で買うお弁当よ
りも牛肉がたっぷりです。

鶏マヨと
青海苔はんぺんフライ

人気の鶏マヨ。はんぺんは揚
げるとボリュームが出て食べ
ごたえがあります。

酢豚

ごろっと大きめの豚肉をほど
よくさっぱりとした味つけで。
酸味で疲れも癒されます。

（写真は本人撮影）

カレー *Curry*

ときどき無性に食べたくなるカレー。よく作るキーマカレーは、冷蔵庫の
残り野菜をなんでも刻んで炒めて作れるので野菜不足解消にも。

ビーフカレー

人気No.1メニュー。玉ねぎを
3時間かけて炒め、牛すね肉
を大きく切ってゴロゴロと。

たっぷり野菜の
キーマカレー

ビタミンA・C・Eのバランス
を意識して。季節の野菜がた
っぷりとれます。

キーマカレーの
焼き野菜のせ

冷蔵庫の残り野菜を細かく刻
んで。時短で作れるし、うま
みもたっぷりでおいしいです。

ポークカレーと焼き野菜

なすとオクラ、まいたけをさ
っと焼いて、ポークカレーに
後のせ。食感もおいしい。

和風ごはん *Japanese style*

煮ものや炊き込みごはんなど、和風レシピでは茅乃舎のだし（P.49）が大活躍。
急に食べたくなって、"夏おでん"を作ることも。

いかのゆずこしょう炒め、
にら玉、生春巻き

生春巻きは、すき焼き味の牛
肉、塩ゆでにんじん、パプリ
カ、春雨をたっぷり包みます。

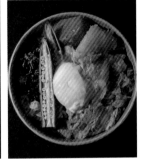

肉じゃがごはん

野菜を豚カルビと豚しゃぶし
ゃぶ肉でサンドして煮込むと、
肉のうまみが浸透して美味！

肉巻き玉子とサラダ麺

完全栄養食の卵を肉巻きにし
たボリューム弁当。さっぱり
味のサラダ麺を添えました。

五色鶏そぼろごはん

鶏ひき肉、炒り卵、にんじん、スナ
ップえんどう、そして釜揚げしらす。
栄養価も高く見た目も鮮やか。

まぐろ漬け丼
揚げ野菜の煮浸し

夏野菜はさっぱり揚げ浸しに
すると野菜が苦手でもペロッ
と食べてくれます。

おでん

大根は面とりして米のとぎ汁で
下煮。牛すじ肉は一度ゆでてか
らしょうがとコトコト煮ます。

アジアンごはん *Asian style*

「あれが食べたい！」とリクエストが上がることが多いメニュー。
焼売は皮を細切りにしてお店風にしたりと、ちょっと旅気分になる仕立てです。

肉絲（ルースー）丼

しゃぶしゃぶ肉とピーマン、た
けのこで。オイスターソースで
下味をつけてうまみを凝縮！

白の麻婆豆腐

豆乳で白く仕上げた麻婆豆腐。
マイルドな味で食べやすいで
す。豆乳プリンを添えて。

手作り餃子と
チャプチェ

チャプチェを本格的に作ろう
と韓国春雨で。野菜は別々に
炒めてシャキシャキに。

上海風チキンライス

リクエスト率No.1！　にんに
く、青ねぎ、しょうがが煮込
んだ鶏スープも好評でした。

手作り焼売と
焼きそば

豚肉も野菜もたっぷりで、た
んぱく質と β-カロテンがと
れる焼きそばは私の十八番！

スープごはん *Soup & Rice*

疲れて食欲がないときでもさっぱり食べられます。野菜もたんぱく源も
しっかり使って。スープも残さず飲み干してくれます。

ポトフとトマトごはん

無添加ソーセージと香味野菜
のうまみたっぷり。炊飯器で
作るトマトごはんは自慢の味。

鶏のトマト煮

無水煮込みなので鶏肉、野菜
のうまみが凝縮。味の決め手
は茅乃舎の野菜だし。

三色丼
白菜と塩豚のミルフィーユ煮

スタッフが密かに愛する三色
丼。とろとろに煮込んだ塩豚
と白菜の一体感がおいしい。

冷や汁
冬瓜の鶏そぼろあん

夏の食欲が落ちる時期の冷や
汁。だしは別容器で渡してい
ます。冬瓜はやさしい甘さに。

アートサラダ *Art salad*

パプリカとトマト、白菜とマッシュルームと柿など、組み合わせを考えるのも
楽しいサラダ。ときにはこんな〝映える〟仕立てでスタッフを驚かせています。

**ロマネスコ、アスパラガス、
オクラ、菜の花のサラダ**

フラワーアーティストの
ニコライ・バーグマンさ
んが作るフラワーボック
ス風に。黒の器に色彩の
バランスを考え、お花を
敷き詰めたように盛りつ
けました。スタッフの興
奮がすごかった！

**えびとアボカド、
マイクロトマトをバジル風味で**

ハレの日ごはん *for Party*

スタッフのお誕生日などを手料理でお祝いするときは、サロンがパーティー会場に。
皆の笑顔を想像すると、料理しているときからテンションが上がります。

パーティーのときはシャンパンを用意し、フラワーアレンジにもこだわります。営業時と花を替
えるだけで気分も華やぎます。右のお寿司はひな祭りのときのもの。忙しい中でも、季節の行事
を家族のようなスタッフとともに迎え、四季の移ろいを感じながら仕事をできたらと思っています。

[ヘアケア]　アヴェダお客様相談室 ─────── ☎0570・003・770

アッカ カッパ東京ミッドタウン日比谷 ─── ☎03・6205・7648

AMATA ──────────────── ☎03・3406・1700

アリミノ お客様窓口 ───────── 0120・945・334

アンファー ──────────── 0120・722・002

MTG ───────────────── 0120・467・222

オーウェイ（アラミック）─────── ☎072・728・5150

かならぼ ──────────── 0120・91・3836

カラーズ ───────────── ☎050・2018・2557

コスメデコルテ ────────── 0120・763・325

コタ お客様相談室 ───────── 0120・936・177

SABON Japan ──────────── 0120・380・688

シスレージャパン ────── https://www.sisley-paris.com

資生堂プロフェッショナル ───── 0120・81・4710

ジョンマスターオーガニック ──── 0120・207・217

THREE ──────────────── 0120・898・003

ダイソン ───────────── 0120・295・731

TAKAKOスタイル ─────────── ☎03・6455・0021

デミ コスメティクス お客様相談室 ── 0120・68・7968

ドクターエア ───────────── 0120・05・8000

ドクターシーラボ ──────────── 0120・371・217

パナソニック 理美容・健康商品ご相談窓口 ── 0120・878・697

ハホニコ ハッピーライフ事業部 ──── 0120・8025・11

フィリップ B ──────────── ☎03・5778・9035

ミルボン お客様窓口 ───────── 0120・658・894

山田養蜂場 ───────────── 0120・83・2222

ユニリーバ お客様相談室 ─────── 0120・500・513

[調味料]　アムリターラ ─────────── 0120・980・092

久原本家 茅乃舎 ───────── 0120・84・4000

ZENB JAPAN ───────────── https://zenb.jp/

Tamitu ──────────────── ☎050・3553・1912

藤波家の食卓 ───────────── ☎03・3402・2473

ふつうのショップ ───────────── 0120・596・039

マイスタヴェルク ───────────── 0120・06・2150

[衣装協力]　styling/ ルミネ新宿1店 ──────── ☎03・6302・0213

[参考文献]　公益社団法人日本毛髪科学協会『改訂版 ヘアサイエンス』

●本書内で紹介した商品の価格はすべて税込み価格です。価格は本書発売時のものです。

| 美香 | 「AMATA」オーナー
ビューティ・プロデューサー
毛髪診断士指導講師 |

神奈川県生まれ。文化服装学院卒業後、アパレルメーカーなどで約10年、ファッションデザイナーとして活躍。2002年、「自分が行きたい大人のためのヘアサロン」として、東京・青山にヘアサロン「AMATA」をオープン。「毛髪診断士指導講師」(公益社団法人日本毛髪科学協会)として、毛髪科学理論に基づき、頭皮と髪の悩みの原因を分析し、顧客の悩みや要望に合った施術やアドバイスを提供。近年は医療機関と連携し、最新毛髪治療をナビゲートするなど、女性の髪を美しく保つために日々奮闘する。その提案は信頼が厚く、顧客には美容業界人や俳優、モデルも多い。ビューティ全般におけるオピニオンリーダーとして、常に時代のニーズに合った新しい提案を続けるほか、商品プロデュースやブランドのコンサルティング、プレス、メディア出演など、幅広く活躍。美しい黒髪がトレードマーク。
Instagram：@mikaamata

ヘアサロン AMATA (アマータ)

東京都港区南青山6-4-14 INOX AOYAMA 5F　Tel.03-3406-1700
11:00～21:00 (日曜・祝日は10:00～19:00まで)　火・水曜定休　www.pro-feel.net

食べるだけでキレイに近づく!

薄毛 ハリ・コシ・ツヤ 白髪 うねり

毛髪診断士・美香が作る

美髪ごはん44

2023年6月7日　初版第1刷発行

著者	美香
発行人	兵庫真帆子
発行所	株式会社 小学館
	〒101-8001　東京都千代田区一ツ橋2-3-1
電話	03-3230-5864 (編集)
	03-5281-3555 (販売)
印刷所	共同印刷株式会社
製本所	株式会社若林製本工場
制作	浦城朋子、木戸 礼
宣伝	鈴木里彩
販売	三橋亮二

STAFF

撮影／神林 環 (静物)、
　　　玉置順子 (t.cube／人物)
ヘア／ERI (AMATA)
スタイリスト／洲脇佑美
調理協力／村上有紀
栄養監修／清水加奈子
デザイン／mew small blue
編集／松田亜子、柏熊菜菜子 (小学館)